La biblioteca di Gianni Rodari

ISBN 978-88-7926-841-7
www.edizioniel.com

Il romanzo è stato pubblicato per la prima volta in dodici puntate nel 1963 sull'«Album dei Piccoli», inserto di «Noi Donne», e riunito in volume da Marcello Argilli nel 1982 con i disegni di Emanuele Luzzati (Editori Riuniti, Roma).

Gianni Rodari

Atalanta

Illustrazioni di Emanuele Luzzati

Einaudi Ragazzi

Atalanta

L'incontro con Diana

Della madre di Atalanta sappiamo soltanto che era una regina, ma una regina infelice perché non poteva dare un figlio al re, un erede al trono.

A quei tempi, in Grecia, non vi era città grande o piccola che non avesse il suo re, la sua regina, i suoi principi. Piccoli borghi sperduti tra i monti o in una spaccatura della costa avevano una reggia e una corte, cosí come i nostri villaggi piú poveri hanno un campanile.

Il regno di Jaso non era, in sostanza, molto piú largo di un lenzuolo, ma il suo orgoglio di sovrano non aveva confini. Quando la balia gli portò Atalanta, nata da pochi istanti, non volle nemmeno vederla.

– Via, – gridò pestando i piedi per la rabbia. E sputò sul pavimento: – Una femmina...

– Una principessa, – si provò a balbettare la balia.

– Non voglio principesse, io. Voglio un figlio vero, un maschio, un cacciatore, un guerriero. Non permetterò che la Grecia rida di me, che chiami la mia casa una casa di femmine.

La notizia della nascita di Atalanta non sarebbe arrivata piú lontana di quel bosco laggiú, dove cominciava un altro regno, o dietro la collina, dove ne cominciava un terzo. La Grecia non avrebbe né riso né pianto. Ma Jaso, nel suo furore, aveva già deciso. Chiamò il piú fidato dei suoi servi e gli ordinò:

– Stanotte, quando tutti dormiranno, prenderai quel

mostriciattolo, lo metterai in una cesta, lo porterai in cima alla montagna e lo abbandonerai.

– Ma verranno le fiere. Volano le aquile, lassú.

– E tu lasciale volare. Torna a casa in fretta e che nessuno ti veda. La cosa rimarrà segreta tra me e te. Mi hai capito bene?

Il servo obbedí, perché non poteva fare diversamente. Quando fu notte, penetrò di nascosto nella camera della regina, tolse la neonata dalla culla, l'avvolse in una coperta perché non si udissero i suoi strilli, caso mai si fosse svegliata, e si incamminò per il sentiero della montagna. Fece tutto quello che gli era stato ordinato, tornò senza farsi vedere e non disse nulla a nessuno.

La mattina dopo un'aquila fu vista volare reggendo tra gli artigli una coperta rossa. La balia riconobbe la coperta. Alla regina fu detto che un'aquila aveva rapito la sua bambina dalla culla. Forse cosí avevano voluto gli dei. A quei tempi la gente era pronta a dare la colpa agli dei del male che faceva o subiva, ma la regina pianse a lungo, in silenzio. Essa non credeva alla cattiveria degli dei, e conosceva bene suo marito.

Di lei la storia e la leggenda non dicono piú nulla. È possibile che la poveretta sia morta di dolore.

Ma Atalanta non era finita in un nido di aquilotti affamati. Quando l'aquila si era calata a ghermire la preda, attratta dal colore vivo della coperta, la cesta era già vuota.

Un'orsa, prima dell'alba, era uscita in cerca di cibo per i suoi piccoli. Trovò la bimba ancora addormentata, la raccolse tenendo le fasce tra i denti e la portò nella sua caverna.

Questo è quello che raccontano gli antichi, ed essi dovevano ben sapere come andarono le cose.

Forse fu la stessa Atalanta, dopo che fu tornata tra la gente, a raccontare come era cresciuta tra gli orsi. Una folta pelliccia bruna l'aveva riscaldata quando aveva freddo. Aveva lottato per gioco con gli orsacchiotti, rotolandosi tra l'erba e le foglie. Aveva imparato con loro ad acquattarsi per sfuggire ai cacciatori, a riconoscere gli animali amici, a schivare le fiere nemiche. Osservando il cielo e la natura aveva imparato a distinguere i segni del tempo e delle stagioni. Anche a parlare aveva imparato da sola, spiando i cacciatori che bivaccavano nel bosco, nelle notti di caccia.

Un giorno mentre scherzava con una lepre e l'acchiappava con le mani per metterle paura, udí il sibilo di una freccia e si gettò faccia a terra, immobile.

Strano. I cacciatori non l'avevano mai colta di sorpresa, prima d'allora. E non aveva udito rumori di passi, né abbaiare di cani, né stormire di foglie e di cespugli smossi. Una carezza le sfiorò dolcemente i capelli che le scendevano in disordine sulle spalle, ma non era la goffa e affettuosa zampa di mamma orsa.

Questo fu l'incontro di Atalanta con Diana, dea della caccia e signora dei boschi.

La fanciulla alzò gli occhi e quello che vide decise della sua vita. Vide una giovinetta vestita come un ragazzo, con la tunica corta al ginocchio. Anche i suoi capelli erano corti, un cespuglio selvaggio con cui il vento giocava liberamente. Un cane, accucciato ai suoi piedi, fiutava inquieto l'aria. Ma soprattutto Atalanta vide l'arco che Diana reggeva in una mano, le frecce infilate nella faretra che portava sulla spalla seminuda.

– Vieni, – disse Diana, – farò di te una cacciatrice.

Non c'era già piú bisogno di dirlo.

«Voglio diventare come lei», aveva giurato Atalanta a se stessa. E senza nemmeno salutare l'orsa che le aveva fatto da madre seguí la dea.

Solo piú tardi imparò che Diana era sorella di Apollo e figlia di Giove, padre degli dei; che poteva guidare con la stessa sicurezza un carro tirato da due gazzelle o un altro, con quattro leoni legati al giogo; che poteva essere un'amica dolcissima o una nemica spietata.

Atalanta conobbe le compagne di Diana: Britomarti, Callisto, Titana e tante altre. Esse vivevano nei boschi come cacciatori, piú abili del piú abile cacciatore nello scoccare una freccia, nel tendere un agguato, instancabili nei lunghi inseguimenti delle fiere ferite. Atalanta diventò come loro. Ebbe una tunica corta e i capelli corti, l'arco, le frecce, il cane. Era felice. Qualche volta, seguendo il cane che fiutava una traccia, giunse alle porte di una città. Nascosta dietro un tronco, su un'altura, spiò la gente che affollava le viuzze, cercò di indovinare dalle finestre aperte la vita nelle case. Ma non provò mai il desiderio di andare a vivere tra gli uomini, e le case le sembravano tante prigioni.

«Là dentro, – pensava, – non riuscirei nemmeno a respirare».

Capitava, di quando in quando, che un cacciatore scorgesse tra gli alberi una ninfa e tentasse di inseguirla. Allora Atalanta (se era toccato a lei) fuggiva come una cerva e ben presto l'incauto cacciatore, col fiato grosso, era costretto a fermarsi.

Ma non tutti i cacciatori si stancavano cosí presto.

Povera Britomarti, per esempio, quando Minosse la sorprese arrampicata su un ulivo e la pregò dicendo:

– Non mi sfuggire. Io sono un re nella mia città e tu sarai regina se mi sposerai.

Minosse aspettava che Britomarti gli rispondesse, non che balzasse a terra e schizzasse via, gettando l'arco per correre piú leggera. Subito però egli la rincorse chiamandola, e dalla voce con cui chiamava Britomarti poté capire che la corsa non lo affaticava affatto.

Giorni e giorni durò quella caccia, per monti e per burroni, per boschi e per campi. Alla fine Britomarti si trovò in cima a una roccia altissima, e al di là non c'era piú nulla, soltanto il mare. Britomarti non seppe, o non volle, fermarsi, mentre già Minosse la incalzava, e cadde senza un grido.

La pescarono, piú tardi, due vecchi marinai, e le diedero sepoltura sulla spiaggia. Minosse, seduto sullo scoglio, piangeva di dolore e di rabbia.

La ragazza con l'arco

La misera fine di Britomarti rattristò grandemente Atalanta, e provocò una svolta nella sua vita. Da quel giorno, infatti, essa cercò l'occasione di vendicare la sua compagna. Doveva essere una vendetta esemplare. Tutta la Grecia ne avrebbe parlato. Che genere di vendetta, però, Atalanta non sapeva, e per quanto ci pensasse non riusciva a escogitare nulla di adeguato.

Giungevano intanto, dalla lontana Calidonia, strane notizie. Si diceva che un terribile cinghiale devastava i campi, faceva strage di animali domestici e spaventava le popolazioni. Piú di un cacciatore era partito per ucciderlo, ma nessuno era tornato a casa.

– Tanto chiasso, – scherzava Atalanta con le sue compagne, – per un cinghiale. Gli uomini, con tutte le loro arie, sono animali piuttosto ridicoli.

Ne parlò anche a Diana, quando la dea tornò da uno dei suoi viaggi solitari. Ma Diana non sorrise. Anzi, il suo bel volto si incupí, e la sua voce tremò per l'ira.

– Quel cinghiale, – disse, – ha appena cominciato la sua opera. Io stessa l'ho scatenato sulla Calidonia, per castigare re Eneo. Vecchio pazzo, imparerai a metterti contro Diana.

Le colpe di Eneo, ai nostri occhi di uomini del duemila, o quasi, non sembrano poi tanto gravi. Il re, a quanto si dice (a quanto raccontano i soliti antichi), si era semplicemente dimenticato di Diana all'epoca dei sacrifici primaverili, quando per festeggiare il ritorno della bella stagione si facevano offerte agli dei, si uccidevano vittime in loro onore, si bruciavano davanti ai loro altari i frutti della terra. Pare che gli dei tenessero molto a quei sacrifici. Un povero re non sapeva da che parte voltarsi: se offriva le primizie a Diana, irritava Giunone, se si ricordava di Venere, si dimenticava di Minerva. Cosí i guai gli piovevano addosso anche troppo spesso.

Re Eneo, quando fu costretto ad ammettere che i suoi cacciatori non potevano nulla contro il terribile cinghiale, chiamò a raccolta tutti gli eroi di Grecia, promettendo ricompense e onori a chi lo avesse liberato dalla fiera. I suoi banditori percorsero le contrade in lungo e in largo, leggendo il proclama di Eneo fin nelle piú lontane città. Giovani principi ansiosi di ben figurare, scapestrati in cerca di avventure, esperti cacciatori segnati dalle cicatrici di cacce spaventose, si misero in viaggio per non mancare all'appuntamento.

Atalanta udí il bando una sera, che piú del solito si era avvicinata a una piccola città per studiare le abitudini degli uomini, sempre fissa nel suo desiderio di vendetta.

«Ecco la mia occasione, – pensò. – Io ucciderò il cinghiale, e umilierò quei fanfaroni. Dopo che avrò ucciso il cinghiale rivolgerò le mie frecce contro di loro. Oh, non starò a ucciderli: mi basterà di vederli scappare come topi. Sono sicura che Diana approverà il mio progetto».

Diana esitò prima di permetterle di partire.

– Tu non conosci gli uomini, – disse, – essi sanno essere malvagi, a volte.

Ma poi aggiunse:

– Sei nata tra loro, anche se essi ti hanno ripudiata. È giusto che ti misuri con loro. Va', ti lascio libera.

– Libera? Ma io tornerò da te subito dopo. È qui che voglio vivere...

– Tornerai? Non so. Sarai tu a decidere. Ti lascio libera.

Puoi tornare o restare. Se troverai che vi sono cose migliori della caccia, e piú belle dei boschi in cui sei cresciuta, seguile.

– Tornerò, – ripeté Atalanta, che non poteva capire quei confusi discorsi. Afferrò l'arco, fischiò al cane e partí correndo. Tre giorni di viaggio le bastarono per raggiungere la Calidonia. Si tenne sempre lontana dai luoghi abitati: correva meglio nei boschi dove l'uomo non aveva mai messo piede, e poi voleva rimandare il piú possibile il momento del suo incontro con gli uomini.

Ma ecco le mura della città di Eneo, ecco la porta vigilata dalle sentinelle, e di là dalla porta un tumulto di voci, un abbaiar di cani, un gridio di fanciulli, un chiamar di donne.

Atalanta si accostò alla porta con una timidezza che non aveva mai provata.

– Chi sei?

– Vengo per la caccia.

Le sentinelle scoppiarono a ridere e diedero la voce ad altri soldati, che si accalcarono curiosi, pronti allo scherzo.

– Ma sei un ragazzo o una ragazza?

– Ho il mio arco e le mie frecce, – rispose Atalanta, – mi pare che basti.

– Sicuro. E la bambola l'hai portata? Sai quante zampe ha un cinghiale?

– Figliola, – disse il capo delle sentinelle, scrollando la testa, – qua vengono per la caccia i piú valorosi principi di Grecia. C'è Peleo, ci sono Castore e Polluce. Hai mai sentito parlare di Teseo? C'è anche lui. Per non parlare dei fratelli della nostra regina, e del figlio del re, il principe Meleagro. Credi a me, non c'è posto nelle loro file per una ragazza di campagna. E tu, a quel che vedo, non sei che una ragazza di campagna. Scommetto che fino a ieri te ne stavi cheta

cheta a guardare le pecore di papà. Non ti figurerai che il cinghiale sia qualcosa come un grosso pecorone, spero.

– Il mio nome è Atalanta. Scrivitelo, se sai scrivere, perché sarò io a uccidere il cinghiale.

– Bum! – gridarono in coro i soldati.

– Che c'è? Che succede? – domandò una voce squillante.

– Largo, largo, – si udí bisbigliare, – ecco il principe Meleagro in persona.

Atalanta in quel momento, coperta di polvere per il lungo viaggio, rossa in volto per l'ira, spettinata come sempre, non aveva certo l'aspetto di una dolce principessa. Ma Meleagro colse nei suoi occhi lampeggianti qualcosa che gli altri non avevano visto. Il cuore gli batté piú forte. Come spinto da una forza ignota tese una mano e disse semplicemente: – Vieni.

Atalanta lo seguí, senza prendere la sua mano, senza voltarsi indietro, mentre la folla dei soldati si apriva per farla passare.

– Ti porterò da mia madre, – disse Meleagro. – Devi essere stanca, hai bisogno di ristorarti con un buon bagno, avrai fame.

– Sono qui per la caccia, – disse Atalanta, fermandosi. – Se la tua intenzione è di portarmi tra le donne, non farò un passo di piú.

Un uccellino, trillando, attraversava il cielo in alto sopra la piazza. Atalanta, con movimenti rapidi e precisi, incoccò una freccia, tese l'arco, il colpo partí. Quando la freccia ricadde, un grumo di piume insanguinate ne ornava la punta.

– Hai visto? Sono una cacciatrice, e Diana è stata la mia maestra. Ora parla.

– Vieni, – disse il principe Meleagro, arrossendo. – Tu parteciperai alla caccia, ma non per merito di quel povero uccellino. Ho capito chi sei dal primo momento in cui ti ho veduta.

– Quand'è cosí, andiamo pure da tua madre.

Ma la notizia camminava piú in fretta di loro, di bocca in bocca. Principi e cacciatori raccolti davanti al palazzo reale già sapevano che una strana fanciulla si era presentata per partecipare alla grande caccia e quando videro arrivare i due giovani molti tra loro gridarono:

– Meleagro, credevamo di essere venuti per una faccenda di cinghiali. Ma se è per una festa da ballo, chiama i musicanti e balleremo.

Atalanta, che aveva appena cominciato a salire i gradini della reggia, si voltò. Reggeva l'arco tra le braccia e puntava una freccia sulla folla.

Nel silenzio improvviso che seguí si udí una voce tonante.

– Amici, ecco una ballerina che vi farà ballare senza musica.

Atalanta fissò il giovane che aveva parlato e sorrise.

– Io sono Teseo, – disse il giovane, – e se ti prego di rimettere la freccia nella faretra devi credere che non è per paura. Sii la benvenuta.

La regina attendeva Atalanta nella modesta sala del trono. Il trono era di nuda pietra, e un cuscino rosso non bastava certo a renderlo piú morbido. I tempi erano duri per tutti. Ma la regina guardò appena Atalanta. I suoi occhi scuri e acuti si fissarono invece a lungo su Meleagro. La regina Altea non aveva mai visto sul volto di suo figlio quell'espressione tenera e felice. Un'improvvisa gelosia le morse il cuore.

Il tizzone di Meleagro

Una vecchia schiava lavò Atalanta dalla testa ai piedi, ripulí dalle macchie la sua tunica, preparò uova, carne e frutta su una tavola e disse:

– Mangia. Non che io approvi la tua intenzione di andare a caccia con quegli omaccioni laggiú. Se io fossi tuo padre ti legherei alla gamba del tavolo e ti farei assaggiare un po' di frusta. Se io fossi tua madre non ti manderei in giro vestita da maschiaccio. Ma giacché sei qui, per intanto una sola cosa è importante: mangia.

Atalanta sorrise e ringraziò la vecchia.

– Non ho né padre né madre, – disse.

– Questo poi è impossibile. Se mi dici che non li hai conosciuti, posso crederti. Ma non sarai mica nata dalla spuma del mare come Venere, dico. Non sarai mica schizzata al mondo come Minerva, benedetta dea della sapienza, che dovrebbe guardare un po' di piú dalla tua parte, e ispirarti propositi piú saggi.

– Io non so com'è nata Minerva, – disse Atalanta, mangiando a due mani.

– Non lo sai? Non te l'ha mai raccontato la tua balia, quando eri bambina?

– La mia balia è stata un'orsa bruna. Era una brava balia, ma non sapeva parlare.

La vecchia scosse il capo:

– Il latte di orsa: ecco quello che ha fatto di te una piccola selvaggia. Sappi, a ogni modo, che un giorno Giove, padre degli dei, si svegliò con un terribile mal di testa. Ma un male, figlia mia, un male, che lo sentivano lamentarsi anche in fondo al mare, anche nel cuore della Terra, dove Vulcano ha la sua officina. Quando per il dolore non ne poté piú, Giove mandò appunto a chiamare quel suo figlio zoppo e sgraziato; voglio dire Vulcano, il fabbro.

«Ordinategli di portare un martello, il piú pesante dei suoi martelli». Vulcano dubita di aver capito male, ma a ogni buon conto si arrampica sull'Olimpo portando sulle spalle una mazza da parecchi quintali. «Sei qui», dice Giove.

«Sono qui, padre». «Bravo, allora forza: dammi una martellata in testa». «Una che?» «Una martellata, dài. E non risparmiarti i muscoli». «Ma padre santo, – dice Vulcano, – vi faccio rispettosamente osservare che un colpo di questa mazza spiaccicherebbe un toro come se fosse una zanzara». «Mi vuoi obbedire, sí o no? Sono tuo padre. Sono tuo padre, sono il re degli dei, se ti dico di darmi una martellata sbrigati, e non stare a fare tanti discorsi».

Vulcano si gratta la zucca. Gli altri dei lo stavano a guardare con aria maliziosa, ma si guardavano bene dal mettere bocca nella discussione. Ognuno si deve saper fare gli affari suoi.

«Insomma, – grida Giove, – o mi dai questa martellata o ti mando a rotolare giú dall'Olimpo e ti azzoppo dall'altra gamba». Vulcano si decide. Alza la mazza e giú un colpo che avrebbe schiantato una balena. Allora ecco cosa succede: la testa di Giove si apre, proprio sulla cima, e chi ne salta fuori? Lei, Minerva, in un'armatura d'oro. Per forza gli faceva male la testa, al padre.

La vecchia sospirò:

– Mi sa tanto che tu pensi piú a Diana che a Minerva, tu. Sei per la dea dei boschi, mentre dovresti essere, senza offesa per nessuno, per la saggia dea della città. Gli uomini

vivrebbero ancora come bestie, se non fosse per Minerva. Chi ha insegnato loro a coltivare i campi? Chi ha regalato loro le briglie per domare i cavalli? Minerva, sempre lei. Ma per domare te, credo che Minerva dovrebbe inventare delle briglie apposta...

Atalanta scoppiò a ridere, ma subito tacque e si alzò, inchinandosi. La regina Altea era entrata nella stanza. Nel suo volto severo e pensieroso gli occhi erano piú che mai cupi.

– Questa chiacchierona ti disturba?

– No, signora. Anzi, mi ha divertita.

– Ora vattene, – disse Altea alla vecchia serva. Quella se ne andò, strascicando le ciabatte.

– Siedi, – disse poi la regina ad Atalanta. – Ti debbo parlare.

Atalanta sedette, aggiustandosi la tunica sulle ginocchia.

– Di dove vieni? Perché sei venuta? – cominciò bruscamente la regina.

– Ma...

– Sí, lo so, sei qui per la caccia. Questo è quello che si

racconta. Ma a me non la dai a bere. Sono troppo vecchia per credere alle favole.

– Signora, io non capisco...

– Capisci, capisci. Sei mia ospite, e non posso buttarti fuori di casa mia, perché sarebbe un'offesa agli dei. Ma sarò schietta con te: non azzardarti ad alzare gli occhi su mio figlio.

– Meleagro?

– È il solo che tu conosca. Agelao e Anceo non li hai ancora visti. Ma di loro non mi preoccupo. Per le donne non hanno occhi, loro. Meleagro sí. Da quando sei arrivata, Meleagro non ha occhi che per te, non parla che di te. Come tu abbia potuto stregarlo in pochi minuti non lo so, e non voglio nemmeno saperlo. Ma ti ripeto: tienti lontana da...

– Signora, – esclamò Atalanta, balzando in piedi piena di sdegno. – Sono qui a caccia di un cinghiale, non di un principe.

Altea la scrutò a lungo in silenzio.

– Mio figlio dovrà sposare chi dico io, – riprese poi. – E tu non sei quella. Non voglio per casa donne che sappiano maneggiare l'arco e che preferiscano la caccia ai fornelli di cucina. Voglio donne vestite come si deve...

Atalanta si guardò le ginocchia abbronzate che uscivano dalla tunica.

– Non ho mai pensato a sposarmi, – disse, – non ci penserò nemmeno ora, non ci penserò mai.

– Meglio cosí, – disse Altea. – Mi auguro che sia la verità. A ogni modo sappi che io ho un modo infallibile per farmi obbedire da Meleagro. Non sperare di allontanarlo da me, di metterlo contro di me. La sua vita è nelle mie mani. Quando nacque, le tre Parche sono venute a danzare intorno alla sua culla. Hai mai sentito parlare delle Parche?

Atalanta fece cenno di no. Quante cose le aveva taciuto, Diana...

– Cloto, Lachesi e Atropo sono i loro nomi, – proseguí la regina. – Esse filano i destini degli uomini e troncano il filo, quando viene il tempo. E quando esse troncano il tuo filo, tu sei della morte. Meleagro aveva sette giorni. Tre vecchie bussarono alla nostra porta e io le feci entrare, perché l'ospitalità è sacra, le ristorai e le feci servire di tutto quello che desideravano. Avevano freddo e io ordinai che si accendesse un gran fuoco nel camino. Io le avevo riconosciute, al di là di ogni dubbio. Ma non potei rifiutarmi di mostrare loro il mio bambino, quando chiesero di vederlo. La balia lo portò. Esse gli fecero molti complimenti, gli danzarono intorno per farlo sorridere, ma intanto cantavano un'orribile cantilena della quale non potrò mai scordare le parole. Dicevano:

E quando quel tizzone si sarà consumato
del bel Meleagro il filo sarà tagliato.

Cosí cantando esse indicavano un tizzone acceso. Il fuoco lo aveva quasi tutto consumato. Restavano ancora pochi centimetri di legno, meno del palmo di una mano.

La regina Altea si alzò, si diresse verso la parete, ne aprí uno sportello e ne tolse uno scrigno d'oro che posò sul tavolo. Da una catena che portava al collo staccò una chiave e se ne serví per aprire lo scrigno.

– Guarda, – ordinò la regina, con voce imperiosa.

Atalanta guardò. Nello scrigno non c'era altro che un tizzone spento. Da un lato esso era tutto nero, abbruciacchiato; dall'altro il legno era secco e tarlato.

– Non appena ebbi compreso quello che dicevano le Parche, – mormorò Altea, – mi precipitai sul camino e ne

tolsi con le mie mani il legno acceso. Bruciandomi le dita lo spensi nella cenere, soffocando fin l'ultima scintilla. Le Parche risero. «Siamo state gentili con te, perché ci hai dato da mangiare e ci hai riscaldate. Ma se tieni alla vita di tuo figlio, fa' che quel tizzone non incontri piú il fuoco». Io riposi il tizzone in questo scrigno. Qui lo conservo, e nessuno può aprirlo, perché io stessa ne porto indosso la chiave giorno e notte. Meleagro vive perché io lo tengo in vita, Meleagro è mio, è mio!

Atalanta si sentí invadere da un freddo sgomento.

L'amore di quella madre per suo figlio era cosí vicino alla pazzia che destava in lei orrore e pietà a un tempo.

La regina aveva appena finito di riporre lo scrigno nel muro che il principe Meleagro entrò ridendo nella stanza.

– Atalanta, – disse, – la caccia sta per cominciare. Vieni, o crederò che tu sia qui in visita da mia madre per imparare qualche punto di ricamo.

Atalanta lo guardò commossa. Era alto, forte e schietto, i suoi capelli erano biondi come l'oro dello scrigno, i suoi occhi fondi e brillanti come tizzoni accesi.

La grande caccia

Re Eneo percorse con lo sguardo la folla dei cacciatori che attendevano il suo segnale. Distinse, innanzi a tutti, i suoi tre figli: Meleagro, Agelao e Anceo. Accanto a loro vide i fratelli della regina: Ificlo e Afareto. Essi apparivano di malumore. Fino all'ultimo avevano tentato di impedire ad Atalanta di partecipare alla caccia, istigati da Altea, ma Meleagro si era ostinato. O la fanciulla era ammessa tra le file dei cacciatori, o lui stesso sarebbe rimasto a casa. E il vecchio re Eneo non avrebbe mai dato il segnale della caccia, se Meleagro, il suo figlio prediletto, non fosse stato in prima fila, pronto a farsi onore sopra tutti.

Ora Meleagro era là, pronto a combattere. Cosí sperava il re, fermando per un attimo lo sguardo inquieto su Atalanta: anche lui si era accorto che Meleagro non distoglieva gli occhi dalla fanciulla nemmeno per sorridere a suo padre, per salutarlo prima dell'impresa.

Povero vecchio Eneo, quante disgrazie ti attendono. Ma, a parte le disgrazie, che ne sai tu degli eroi che spiano impazienti un tuo cenno per partire?

Vi sono tra loro Castore e Polluce, figli della stessa madre, Leda, amata da Giove, che si è trasformato in cigno per avvicinarla. La sorella di Polluce è Elena, moglie del re Menelao: Paride un giorno la rapirà, la porterà a Troia, e i greci dovranno combattere dieci anni per vendicare l'affronto. Sarà una guerra durissima. Ulisse conquisterà Troia con l'inganno del cavallo di legno.

Ma Eneo non può sapere tutto ciò. Tutte queste cose stanno ancora sulle ginocchia del futuro.

Vi è tra gli eroi Teseo, destinato a combattere e a sconfiggere il Minotauro, ma Eneo non può leggere nel libro del destino.

Ecco, tra gli altri, Peleo. Suo figlio si chiamerà Achille, il piè veloce, il guerriero invincibile, che nessuno potrà ferire se non nel tallone: e sarà Paride a ferirlo e a ucciderlo. Piangeranno gli uomini e gli dei, quando Achille morirà. Ma Eneo non può sospettarlo. Peleo, ai suoi occhi, è un principe come gli altri, un cacciatore. Sul suo volto lo stesso desiderio che brilla in cento occhi: essere il primo a colpire il feroce cinghiale, riuscire vittorioso nella gara tra la migliore gioventú di Grecia.

– Andate, signori, – gridò Eneo, – uccidete il cinghiale, placate la collera di Diana!

I cacciatori risposero con un breve grido e partirono. Secondo il piano che insieme avevano preparato, si sparsero per tutti i boschi di Calidonia, tendendo l'agguato alla fiera. Ogni burrone era vigilato. Davanti a ogni caverna si nascose un guerriero pronto a colpire. Taluni scalarono le cime degli alberi e rimasero acquattati tra le foglie giorno e notte per sorprendere il cinghiale al passaggio. Altri battevano i cespugli, aizzavano i cani, levavano spaventevoli rumori battendo su larghi dischi di bronzo, su tamburi tesi da scoppiare. Notte e giorno giungevano in città, portati dal vento, gli echi della battaglia.

Il cinghiale pareva scomparso. Le sue piste si intreccia-

vano confondendo l'odorato dei cani. Cento e cento volte un cacciatore frettoloso fece partire una freccia e vibrò un colpo di lancia contro una povera lepre sperduta che aveva fatto crepitare le foglie secche.

Atalanta, che per essere sempre vissuta tra i boschi li conosceva meglio di tutti, procedeva attenta a ogni segnale, fiutava il vento, studiava a lungo ogni filo d'erba piegato a terra da una zampa in fuga. Teneva costantemente una freccia incoccata, e l'arco teso giorno e notte, per non lasciarsi sfuggire l'occasione di colpire la preda. Anche i principi che avevano storto il naso al suo apparire erano ora costretti ad ammirare la sua resistenza e la sua perizia. Alcuni tra loro si erano provati a tenere l'arco sempre teso, come Atalanta faceva, ma i muscoli indolenziti li avevano costretti a cedere. Altri si gettavano a terra per un breve riposo e prima di addormentarsi si domandavano: «Come farà quella ragazza a non provare né sonno né fame né sete?».

Il solo Meleagro si dimostrava capace di tenere il passo di Atalanta. Essa non lo guardava nemmeno, ma a lui bastava esserle vicino per resistere a ogni fatica.

Atalanta, senza voltarsi, udiva il suo respiro, e questo le bastava. Essa non si chiese mai: «Lo amo?».

Intanto, però, aveva dimenticato del tutto i suoi propositi di vendetta contro gli uomini, e non sapeva nemmeno di aver dimenticato. Pensava a Meleagro con una grande pietà. Una volta, chinandosi dietro una ginestra in fiore per studiare un'impronta, si disse:

«Vorrei avere un fratello, e vorrei che Meleagro fosse mio fratello».

E questo fu tutto.

D'improvviso si levarono nella foresta grida di terrore e di dolore. Il cinghiale, dopo di essersi tenuto nascosto per tanto tempo, era uscito all'aperto, ma non per fuggire, bensí per colpire. Le sue zanne non perdonavano.

I primi a cedere furono i fratelli di Meleagro, Agelao e Anceo, straziati a morte dalla fiera furibonda. Seguí una mischia terribile. Teseo, forse, avrebbe potuto colpire il cinghiale, perché tra gli altri era il solo ad aver conservato la calma. Ma egli perse tempo a gridare:

– Piritoo, attento!

Piritoo era amico di Teseo. Insieme erano venuti alla caccia. Piritoo stava guardando da tutt'altra parte mentre il cinghiale spiccava un balzo per assalirlo. Al grido di Teseo si gettò a terra e fu salvo, ma intanto il cinghiale si era messo fuori tiro e la freccia di Teseo andò sprecata.

Non cosí la freccia di Atalanta.

Ritta dietro il suo cespuglio, calma, precisa, la fanciulla mirò al cuore e colpí la spalla. Il cinghiale si rotolò per terra stridendo. Meleagro gli balzò addosso e lo finí col suo pugnale.

– Vittoria! Vittoria! – si udí gridare d'ogni parte. – Viva Meleagro!

Ma il giovane principe non levò nemmeno il capo.

Lavorando di pugnale, con sveltezza ed energia, strappò la pelle alla fiera uccisa, la sollevò ancora grondante di sangue e la tese verso Atalanta.

– A te, – esclamò festante, – sei tu che hai colpito il cinghiale, io l'ho soltanto finito quando già stava a terra, morente.

Da ogni parte del bosco sopraggiungevano i cacciatori, reggendo i compagni feriti. Comparvero, chissà di dove, anche i fratelli della regina, zii di Meleagro.

La scena che si svolgeva sotto i loro occhi li irritò fortemente.

– Donnicciola, – gridò uno di essi, Ificlo, al nipote, – non sei che una donnicciola, una femminuccia. Non ti basta di dover portare a tua madre la notizia che due dei suoi figlioli sono morti: vorresti anche privarti del trofeo per far piacere a questa piccola vagabonda.

– Tu lo sai, – gridò l'altro, Afareto, – quel che tua madre pensa di lei.

Meleagro non rinfoderò il pugnale.

– Quello che pensa mia madre adesso non conta, – disse, – tutti qui sono testimoni che Atalanta ha colpito il cinghiale per prima. Parla tu, Teseo.

– È vero, – disse Teseo, – essa lo ha colpito, mentre io l'ho sbagliato. E io ne sono lieto due volte: la prima, perché il cinghiale è morto, la seconda, perché Atalanta ha salvato il mio amico Piritoo.

– Chiacchiere, – gridò Ificlo. – Chiacchiere da donnicciole. Insieme abbiamo cacciato, la pelle della preda spetta a tutti noi. Atalanta non deve averla.

– Io non la voglio, – disse Atalanta, gettando a terra il trofeo. – La prenda chi vuole.

Essa tentava cosí di mettere pace tra Meleagro e gli zii. Ma il suo gesto sortí l'effetto opposto. Intorno alla pelle del cinghiale si accese una zuffa infernale. Meleagro voleva impedire agli zii di impadronirsene, essi si ostinavano a pretenderla, per umiliare Atalanta. Brillarono i pugnali.

Quando il silenzio tornò a scendere, come una triste nebbia, sulla paurosa scena, i fratelli della regina Altea giacevano cadaveri al suolo e Meleagro fissava la lama del suo pugnale con occhi impietriti.

La follia di Altea

La folla che, sulle porte della città, attendeva gli eroi di ritorno dalla caccia, era silenziosa e triste. Già si sapeva che il cinghiale era stato ucciso, ma si conosceva anche il prezzo pagato per quella vittoria.

Il re in lagrime attendeva di abbracciare per l'ultima volta i corpi dei suoi due giovani figli morti.

La regina Altea era fuori di sé. La rabbia, in lei, era piú forte del dolore. Quasi non pensava ai due figli straziati dalla belva: pensava ai suoi fratelli uccisi per colpa di una vagabonda, pensava a Meleagro che le aveva disobbedito.

– È ormai chiaro, – ella si infuriava, – che quella vipera ha preso nel suo cuore il posto della madre e della famiglia. I miei figli sono morti, i miei fratelli sono morti, ma Meleagro è peggio che morto: è perduto, perché non è piú mio. Atalanta me lo ha rapito. Essa fa di lui ciò che vuole. Senza nemmeno ordinarglielo apertamente, essa ottiene che Meleagro si schieri contro i miei fratelli, contro di me, contro sua madre... Atalanta non gli dirà nemmeno: «Seguimi». Egli la seguirà ugualmente, piú docile del suo cane, pronto a diventare una freccia del suo arco.

Da una finestra della reggia vide giungere il corteo: un corteo di vittoria e un corteo funebre insieme. Quattro schiavi camminavano davanti ad Atalanta reggendo sui bastoni il corpo del cinghiale; altri due portavano la pelle. Atalanta non guardava né a destra né a sinistra. Essa guar-

dava dentro di sé, domandandosi: «È questo che volevo? È questa la mia vendetta?».

Ma alla regina il suo atteggiamento parve pieno di superbia.

Meleagro camminava al suo fianco, di nuovo non aveva occhi né per la folla né per i compagni di caccia, ma solo per Atalanta.

– Non mi rimane altro da fare, – mormorò Altea.

Si staccò dalla finestra, si ritirò nelle sue stanze e ordinò alla vecchia balia di accendere il fuoco.

– E che, – si meravigliò la schiava, – ti pare una giornata fredda? Io, per me, mi sto sciogliendo di sudore.

– Fa' quello che ti ho detto, – replicò aspramente la regina.

La schiava si affrettò borbottando a gettare legna sul camino.

– Pazza, – diceva tra i denti, – sei una pazza, ecco quello che sei. Sei sempre stata una pazza e nient'altro. Giú ci sono le salme dei tuoi figli e dei tuoi fratelli: e c'è da lavarle, da ungerle di olio profumato, da pettinarne i capelli per l'ultima volta. Ci sono gli ospiti, e bisogna dar loro la cena. E bisogna discutere col re per i solenni funerali. O vuoi congedare le loro anime come se fossero anime di cani? Ma lei non pensa a niente. Ha freddo, vuole il focherello per scaldarsi. E questa sarebbe una regina. Mia madre, che era una semplice schiava come me, non si sarebbe comportata cosí balordamente. Ma mia madre non era pazza. E questa invece è pazza, pazza tutta quanta. Tieni, tieni il fuoco. Ci metto altra legna, toh, ce ne metto ancora. E voi non state a fare i capricci. Accendetevi, presto, se questa è la vostra sorte. Non state a fare fumo, non borbottate sinistramente, non sibilate lasciando sfuggire umidità, ardete, ardete. Ecco, prendono: il fuoco è pronto.

E ad alta voce ripeté: – Il fuoco è pronto, signora. Serve altro?

– Vattene, – fu la risposta.

Per quello che aveva intenzione di fare, la regina Altea voleva essere sola. Nella sala del trono, intanto re Eneo stava intrattenendo gli eroi che avevano partecipato alla caccia, e insieme a loro ne rievocava le vicende. Tante volte egli aveva sognato questo ricevimento; mai, però, aveva pensato che sarebbe stato un ricevimento funebre.

Nel vano di una finestra Meleagro parlava ad Atalanta che guardava fissa davanti a sé.

– Io so, – diceva Meleagro, – che tu sogni i tuoi boschi e le tue compagne. Nessuno vorrebbe staccarsi dalle cose della sua fanciullezza. Nessuno, se tocca a lui decidere, ha fretta di crescere. Ma tu ormai sei una donna, e il posto di una donna è accanto a un uomo.

Atalanta non rispose.

– Forse questa reggia non ti piace, – riprese Meleagro, – forse è di mia madre che hai paura. Chiederemo a mio padre il permesso di andarcene lontano, di fondare un nuovo regno. Tu sarai la regina, io il re; ma sarò re soltanto per il mio popolo, te lo prometto, per te sarò uno schiavo o un fratello.

– Preferirei un fratello, – disse Atalanta. – Ma tu...

– Aspetta, – la interruppe Meleagro, – non parlare troppo presto, non decidere ora. A certe domande bisogna rispondere solo dopo averci pensato. Lasciamo che passi questa notte. Lasciamo passare anche la giornata di domani, troppo piena di dolorosi incarichi. Dopo i funerali dei miei, potrai rispondermi. Intanto, – aggiunse con un sorriso triste, – io potrò riposarmi un poco. Sai, è difficile starti dietro. La caccia mi ha stancato. Non sono mai stato tanto stanco. Ho voglia di dormire... di dormire...

Qualcosa nella sua voce costrinse Atalanta a voltarsi verso di lui. Meleagro era scivolato sul pavimento. Con la schiena appoggiata a una colonna, pareva farsi forza per aggiungere qualcosa:

– Io... – balbettava, – io...

Atalanta si curvò sul giovane principe, spaventata. – Stai male?

– No... – sussurrò Meleagro in un soffio, – è il sonno... non è che il sonno.

– Ma tu sei pallido, tu stai per venir meno. Signori, presto, soccorrete il principe Meleagro. Signori, per pietà, guardatelo: egli sta male, egli...

Un sospetto spaventoso le illuminò la mente con la luce crudele di un lampo. Atalanta abbandonò la mano di Meleagro che aveva raccolta tra le sue e corse via, ansando e tremando. Corse verso la stanza della regina, spalancò violentemente la porta. Altea se ne stava raggomitolata accanto al fuoco e fissava la fiamma borbottando e ridacchiando:

– Consuma, consuma, tizzone fatato. E voi, Parche, tagliate il suo filo. È ora, non vedete? Non vedete che il tizzone è bruciato fino all'ultimo?

Lo scrigno d'oro era aperto sul tavolo. Vuoto. Il tizzone a cui era legata la vita di Meleagro sprizzava dal camino le ultime scintille.

Atalanta si gettò con un grido sul focolare:

– Meleagro! Meleagro!

La regina rise. Ma non era piú lei a ridere: era la follia che era in lei.

– Il tuo Meleagro, – farfugliò, – è bruciato tutto. Non è che cenere, guarda. Puoi distinguere la cenere di un tizzone da quella di un altro? Cosí potrai distinguere le ombre di Meleagro, nel regno dei morti, dove troverai milioni, milioni di ombre perdute... Addio, addio Meleagro.

Atalanta tentò di spegnere il fuoco con le sue stesse mani. Avrebbe voluto poterlo fare con le sue lagrime, ma la regina aveva ragione: sulla pietra del focolare non restavano che pochi carboni ardenti e un mucchio di cenere.

Quando tornò nella sala del trono, Meleagro era morto. E solo in quel momento ella seppe che lo aveva amato. Era uscita dal suo bosco per trovare vendetta, aveva incontrato l'amore ma lo aveva riconosciuto solo quando la morte glielo aveva portato via.

Quella sera stessa Teseo andò a salutarla: – Noi partiamo, Atalanta. Un'altra grande impresa ci attende. La nave Argo sta per salpare, al comando di Giasone. Si tratta di un viaggio lungo e pieno di pericoli, che Giasone intraprende per recarsi alla ricerca del Vello d'oro. Io parto con lui, e con me partiranno molti dei principi che ho conosciuto alla caccia.

Un attimo prima Atalanta si stava preparando a tornare nei boschi dove era cresciuta. Le sue labbra si mossero senza darle il tempo di pensare:

– Posso venire con voi? Meleagro ci sarebbe certo venuto, se fosse rimasto in vita.

– Vieni, – disse Teseo, – il posto di Meleagro è tuo.

Ercole

Migliaia d'anni sono passati. Gli uomini d'oggi, ormai, hanno violato anche le porte del cielo e stanno per giungere sulle stelle. Ma il lungo, avventuroso viaggio della nave Argo e le molte sanguinose vicende, gli intrighi mortali che lo accompagnarono non sono stati ancora dimenticati.

La sua storia affonda le radici nella terra oscura delle leggende.

Un montone dalla pelliccia tutta d'oro, si narra, era calato dal cielo per salvare il piccolo principe Prisso, che stava per essere sacrificato agli dei, e lo aveva trasportato di là del Mar Nero, nella lontana Colchide.

Ora Giasone intendeva riportare in Grecia il Vello d'oro del montone celeste, in cambio del quale il re Pelia gli avrebbe ceduto il suo trono.

C'era dunque da conquistare un regno, c'era da ritrovare e riportare in patria un trofeo miracoloso: ma c'era, soprattutto, c'erano avventure nuove da affrontare, mari sconosciuti da solcare, terre misteriose da conoscere. La migliore gioventú di Grecia aveva chiesto e ottenuto dal principe Giasone l'onore di accompagnarlo nella spedizione. C'erano i giovani eroi che avevano partecipato alla grande caccia al cinghiale di Calidonia, e tra essi Teseo, principe di Atene, e Atalanta, la sola donna di Grecia che gli eroi stimavano uguale agli uomini. C'era Orfeo, il cantore che affascinava anche le fiere con la sua musica.

Poco prima della partenza, mentre già la nave Argo stava

salpando le ancore, apparve sul molo, correndo e gridando, un bizzarro gigante. Una pelle di leone gli copriva le spalle. Dalla pelliccia della belva, però, non era stata staccata la testa, che sormontava la testa del giovane come un cappuccio. Nella corsa le due teste sobbalzavano insieme, l'ondeggiare dei capelli si mescolava a quello della criniera. Nell'insieme della figura i tratti umani e quelli leonini si inseguivano e si confondevano continuamente. Era un uomo, pensò Atalanta, ma era anche un leone.

– Ercole! – gridò Teseo, sporgendosi dal parapetto della nave.

– Avete un posto su quella pignatta? – domandò di rimando il gigante con una risata.

Anche Atalanta, sebbene non ne avesse voglia, fu costretta a sorridere. Tutto l'equipaggio si affollava vociando. La sola vista di Ercole pareva destare sicurezza e allegria. Perfino il vento scelse quell'istante per annunciarsi favorevole con un soffio gagliardo.

– Salta su, – gridò Giasone, – le vele si gonfiano. Partiamo.

Ercole superò con un balzo la distanza tra il molo e la coperta della nave. E anche il salto, nella sua leggerezza, aveva qualcosa di leonino.

– I miei omaggi a questi signori, – esclamò Ercole, asciugandosi il sudore dalla fronte. Poi, cercando con lo sguardo Teseo, gli corse incontro e lo abbracciò.

L'amicizia tra i due giovani era nota a tutta la Grecia. Una volta Ercole, colto da improvvisa follia, aveva distrutto con le sue mani la sua stessa famiglia. Quando era tornato in sé, avrebbe voluto uccidersi, per punirsi di quel delitto. Ma Teseo glielo aveva impedito.

«Tu non hai commesso alcun delitto, – gli aveva detto. – Non sei stato tu a uccidere, è stata la follia che era in te.

Non permetterò che il piú forte dei greci paghi per una colpa che non ha commesso».

«Forse io sono il piú forte, – aveva risposto Ercole, – ma tu sei certamente il piú saggio. Se tu fossi sempre al mio fianco, saprei sempre distinguere il giusto dall'ingiusto».

Povero Ercole, gli capitava spesso di non saper misurare la propria forza. Forse la sua mente non era acuta come quella di Teseo, forse il suo animo era davvero selvaggio come quello di un leone ma il suo cuore era buono. Tutta la Grecia sapeva, per esempio, come lo stava sfruttando suo zio Euristeo, al cui servizio si era messo per ordine degli dei.

Cosa non aveva dovuto fare per accontentarlo? Strangolare leoni, tagliare all'Idra le sue nove teste, scendere all'inferno e impadronirsi del cane Cerbero, e portarselo sulle spalle, mentre dalle tre gole latrava orribilmente, fino alla reggia di Euristeo, solo per sentirsi dire dallo zio: «Non mi piace quella bestiaccia. Riportala dove stava».

– È tuo zio Euristeo che ti manda? – domandò Teseo all'amico, dopo aver ricambiato l'abbraccio.

– Sí e no, – rispose Ercole. – Questa volta vuole che gli procuri le mele d'oro delle Esperidi. Sai qualcosa di mele d'oro, tu?

– No davvero. Forse Atalanta, che è vissuta accanto a Diana...

– Non ho mai sentito parlare di mele d'oro, – disse Atalanta, fissando gli occhi buoni e ridenti del gigante.

– Ecco, – esclamò Ercole, – proprio cosí stanno le cose. Nessuno ha mai sentito parlare di mele d'oro, nessuno sa dove stiano quelle Esperidi, nessuno mi offre la minima traccia. Ma Euristeo non vuole sentire ragioni. «Sei tenuto a fare quello che chiedo, no?» mi dice. «Ebbene», dice, «io voglio le mele d'oro delle Esperidi. Fa' un po' tu, sbrigatela da solo, adopera il cervello». Ora vengo a sapere che c'è una nave in partenza per un posto dove ci sarebbe un Vello d'oro. Ottimo, mi sono detto: se c'è un Vello d'oro può darsi che ci si trovino anche delle mele d'oro. Cosí ho chiamato Ila... Ma, a proposito, dov'è Ila, il mio scudiero?

– Sono qui, Altezza, – rispose un giovinetto dall'aspetto modesto.

– Accidenti, mi ero dimenticato di te. Come sei salito a bordo?

– A nuoto, Altezza.

– Sicuro, – rispose Ercole, – quando sono saltato a bordo mi sono dimenticato di avvertire il mio scudiero: era rimasto un po' indietro. Sarebbe stato un brutto affare, per Giasone.

– Perché?

– Ah, lo avrei costretto a tornare in porto. Questo ragazzo mi è stato affidato dai suoi genitori, e io mi separerò da una delle mie mani, o anche da tutte e due, piuttosto che separarmi da lui.

Di nuovo Atalanta fu costretta a sorridere. Diana le aveva detto che gli uomini possono, a volte, essere tanto malvagi, ma non le aveva detto che essi possono essere anche tanto generosi. Gli occhi della fanciulla dividevano la loro curiosità in parti uguali tra il volto sereno e intelligente di Teseo e quello cordiale di Ercole: i gesti di Teseo erano misurati e sicuri, quelli di Ercole forti e un poco eccessivi. Atalanta guardò le mani di Ercole: solide come martelli, grandi ma non goffe. Con quelle mani Ercole, ancora bambino, aveva strozzato due serpenti. Con quelle mani a diciotto anni aveva ucciso un leone: quello stesso di cui portava indosso la pelliccia e la cui testa gli faceva da cappuccio, con gli occhi sbarrati e le zanne digrignanti.

Teseo le narrò queste imprese del suo amico, e narrò a lui l'impresa di Atalanta.

– Avrei giurato, – disse Ercole, – che sei della razza di Diana. Tu mi ricordi una cerbiatta che mi ha fatto correre per un anno intero. Viveva in certe foreste, laggiú, e la gente diceva che avesse le corna d'oro e gli zoccoli d'argento. Un giorno Euristeo mi chiama e mi comanda di prendergli la cerva. «Ma è sacra a Diana», io gli dico, «non si può ucciderla». «Io non ti ho mica detto di ucciderla», mi risponde, «ti ho detto di prenderla». Potevo stare a discutere con uno che vuol sempre aver ragione? Per non perdere tempo mi metto in viaggio e sono anche abbastanza fortunato, perché il secondo giorno, mentre mi chino a bere da un ruscello, vedo la cerva. Stava bevendo anche lei e le corna d'oro si specchiavano nell'acqua. Mi fiutò subito, naturalmente. Sputò l'acqua e scoccò via come una freccia. E io dietro. Cosí vidi anche i suoi zoccoli d'argento, e per un anno intero non li perdetti di vista. Mi fece correre per tutta la Grecia, passò le montagne, corse per steppe e pianure gelate, mi trascinò all'estremo Nord, in un paese tutto di ghiaccio, e senza fermarsi mai si mise sulla via del ritorno. Ma si stancò prima lei. Cominciava a voltarsi, come temendo che io stessi per raggiungerla. Prima non si era voltata mai. Se doveva passare un ruscello, esitava prima di spiccare il

salto: aveva paura di non farcela. E io ero sempre piú vicino, finché ci trovammo sulla riva di un fiume e non ebbe il coraggio di tuffarsi subito, e io la presi. Ero cosí contento che le detti un bacio sulle corna. Forse era contenta anche lei di non dover piú correre a quel modo.

Ercole tacque. La sera scendeva sul mare, insinuava le sue ombre tra le vele, invitava al silenzio, al sonno. Quando tutto fu buio, dalla prua della nave si levò un suono di cetra e il canto di una voce purissima.

– Che cos'è questa roba? – domandò Ercole, irritato.

– Orfeo è con noi, – spiegò Teseo.

– Orfeo? Non ho mai potuto soffrire la musica, io.

Nella sua contrarietà, Ercole fece un broncio da bambino. Atalanta si addormentò sognando quel broncio.

Il viaggio della nave Argo

Sulla nave, ormai, l'amicizia di Atalanta, Teseo ed Ercole cominciava a destare gli scherzi dell'equipaggio.

– Teseo ha domato i piú terribili briganti di Grecia, – si diceva, – ma ora ha trovato in Atalanta la sua domatrice.

– Ercole, – si diceva ancora, – ha due teste, la sua e quella del leone, ma il poco cervello che gli restava se l'è preso Atalanta.

Il principe Giasone faceva tacere i piú maligni con uno sguardo severo, ma aggiungeva, con un sorriso:

– Finora avevamo soltanto degli eroi in coppia: guardate Castore e Polluce, gli inseparabili gemelli; guardate i due figli di Borea, il vento del Nord: non si vede mai l'uno senza l'altro. Ora abbiamo un terzetto invincibile: Teseo, Ercole, Atalanta. L'intelligenza, la forza, la grazia. O forse Atalanta non vi sembra graziosa, signori?

– Per graziosa è graziosa, – disse qualcuno, – ma provatevi ad avvicinarla: punge come un riccio.

Atalanta non udiva nulla di quelle chiacchiere. Non si domandava nemmeno se le piacesse di piú la compagnia di Ercole o quella di Teseo: era felice, invece, quando stavano tutti e tre insieme a raccontarsi le loro avventure.

Purtroppo quella felicità fu presto turbata. Una sera la nave Argo fece sosta in una piccola insenatura tra gli scogli. I giovani si tuffavano e nuotavano a gara nelle acque che il tramonto colorava di porpora via via che il sole si avvicinava al mare.

Quando la cena fu pronta, e intorno al fuoco acceso sulla spiaggia si riuní la spedizione, Ila mancava.

Subito inquieto, Ercole si alzò per cercarlo. Si udiva la sua voce possente sovrastare quella del mare che schiaffeggiava gli scogli.

– Ila! Ila!

Ila era scomparso. Forse, spintosi troppo al largo, non aveva piú avuto la forza di tornare a riva. (La leggenda però dice che una ninfa, sorta dal mare, si sia innamorata del giovane scudiero di Ercole e lo abbia attirato nei gorghi).

Per tutta la notte si udí, di quando in quando, il richiamo di Ercole.

– Ila, dove sei, Ila!

Il vento portava il singhiozzo dell'eroe all'orecchio di Atalanta che non riusciva a dormire.

– Ila, che dirò a tuo padre, che dirò a tua madre! Ila, Ila! A che mi serve la mia forza, se non posso lottare per salvarti. E voi, dei maligni del cielo e del mare, mandatemi cento mostri pronti a sbranarmi, imponetemi le prove piú dure, ma risparmiatemi questo dolore.

Un raggio di sole ferí gli occhi di Atalanta.

«Dunque ho dormito», essa pensò, balzando in piedi preoccupata.

Sulla spiaggia il principe Giasone parlava ai suoi compagni:

– Ercole ci abbandona, – egli diceva. – Ha deciso di cercare Ila. Non vuol piú saperne del Vello d'oro. Noi non possiamo aiutarlo. Dobbiamo compiere la nostra missione, a ogni costo. Io, signori e nobili principi, posso soltanto dare l'ordine della partenza. Chi vuole, rimanga con Ercole.

Ma nessuno rimase, nemmeno Teseo. Atalanta sentiva che Giasone era nel giusto: quando si ha una meta, bisogna saper camminare senza voltarsi. Ma la voce lontana di Ercole, che le giungeva mentre risaliva sulla nave, le straziava il cuore.

– Ila! Ila!

Il viaggio continuò. Noi non abbiamo il tempo, qui, di riferire tutto ciò che Atalanta vide, le vicende di cui fu testimone, le imprese di tutti gli eroi. Meravigliosa, per esempio, fu la lotta dei due figli di Borea contro le Arpie, gli schifosi mostri volanti. Memorabile fu la traversata delle rocce stregate, attraverso le quali la nave fu guidata dal volo di una colomba, e che subito dopo il passaggio degli Argonauti si richiusero come il muro di una prigione.

Atalanta vide l'isola di Lemno, abitata da sole donne, e la loro solitudine le parve triste. Vide la terra delle Amazzoni, le terribili guerriere, nemiche al genere umano, e ne provò ripugnanza: non si può vivere solo per la guerra e per la strage.

Quando la nave costeggiò il Caucaso, un'aquila la sorvolò a lungo, stridendo. Teseo disse ad Atalanta che quella era l'aquila inviata da Giove a strappare il fegato a Prometeo.

– Lassú, – e Teseo le indicò una roccia la cui vetta si perdeva nelle nuvole, – Prometeo giace incatenato alla montagna dal giorno in cui ebbe pietà degli uomini e fece loro il dono del fuoco, irritando la gelosia degli dei. Ogni notte il fegato ricresce e il tormento ricomincia ogni giorno, da secoli.

– E nessuno ha ancora sentito il dovere di liberarlo? – domandò Atalanta. – È questa la gratitudine degli uomini verso chi ha fatto loro il piú prezioso dei doni?

Teseo non rispose.

– Gli dei possono anche essere cattivi, – riprese Atalanta. – Ma gli uomini non dovrebbero mai essere vili.

Protetta da una nebbia fittissima, che l'aveva nascosta alle sentinelle, la spedizione prese terra, finalmente, nella Colchide desiderata.

La reggia sorgeva a pochi passi dal porto.

Un soldato portò correndo al re la notizia che stranieri armati erano sbarcati da una nave invisibile. Ma Giasone e il suo seguito già si presentavano alla porta del palazzo.

– Nobili signori, siate miei ospiti, – fu costretto a dire il re, invitandoli a entrare. Ma dentro di sé si infuriava: «Farò giustiziare le sentinelle che non hanno scoperto in tempo la nave e il capo della mia flotta che non l'ha affondata davanti al porto».

Il re della Colchide non amava gli stranieri e non si attendeva nulla di buono da loro. Ma per obbedire alle sacre leggi dell'ospitalità ordinò ai suoi servi di preparare un ban-

chetto, e solo dopo che tutti ebbero mangiato e bevuto domandò:

– Che cosa vi ha portati fin qui, nobili principi di Grecia?

– Signore, – rispose Giasone, – noi sappiamo che tu custodisci il Vello d'oro. Nostro desiderio è riportarlo in patria. Chiedici, in cambio ciò che vuoi. Comandaci qualunque impresa, e ti obbediremo.

Il re rifletté a lungo, prima di rispondere. Poteva rifiutare, e affrontare il rischio di uno scontro sanguinoso con quei giovani guerrieri, o giocare di furberia e porre al contratto condizioni insuperabili. Egli scelse questa seconda via.

– Nobile Giasone, – egli disse, – il Vello è tuo. Prima però dovrai darmi un saggio della tua forza. In un luogo che ti indicherò vivono due tori indomabili dai piedi di bronzo. Essi gettano fiamme dalle narici. Tu li domerai, li

aggiogherai all'aratro e arerai il campo che si trova dietro il mio palazzo. Ti procurerai denti di drago e li seminerai nei solchi. Da ogni dente sorgerà un guerriero armato. Tu dovrai uccidere quei guerrieri a uno a uno.

Un mormorio di orrore corse la tavolata. Atalanta, gettando un'occhiata a Teseo, lo vide serio come non l'aveva mai visto. L'impresa appariva chiaramente superiore alle forze umane.

– Non ti chiederei tanto, – aggiunse il re sorridendo malignamente, – per una semplice pelle di montone. Ma le

cose che ho detto le ho compiute io stesso con le mie mani, e non una sola volta. Mi sembra giusto che il Vello non passi a mani piú deboli delle mie.

Giasone batté un pugno sul tavolo e balzò in piedi:

– Farò quello che mi chiedi. Ma guai a te se non manterrai il patto.

– Ospite, – gridò il re, – non dubitare della mia parola. L'appuntamento è per domani all'alba sul terreno della prova. I miei servi te lo indicheranno.

La principessa Medea

Gli Argonauti tornarono silenziosi alla nave. Al loro passaggio gli abitanti della Colchide si chiudevano in casa e sbarravano le porte.

Per tutta la sera gli Argonauti discussero la situazione. La maggioranza era del parere che Giasone non dovesse affrontare da solo la terribile prova. Ma Giasone fu irremovibile:

– Il re sostiene di aver già compiuto con le sue sole mani l'impresa che egli mi ha dettato. Forse egli mente, ma il mio dovere è chiaro: agirò da solo.

– Almeno, – disse Atalanta, – permetti che sia io a domare i tori. Nessuno qui conosce gli animali quanto io li conosco. Per anni ho cacciato al fianco di Diana, non c'è fiera che possa resistermi.

– No, – tagliò corto Giasone, – il re direbbe che ho bisogno dell'aiuto di una donna.

– Fu una donna, – ribatté Atalanta, furiosa, – ad abbattere il cinghiale di Calidonia. Quel giorno gli uomini, con poche eccezioni, scappavano come lepri.

– Accetterò solo l'aiuto di Teseo, – proseguí Giasone, senza rispondere ad Atalanta. – Il principe di Atene si scelga immediatamente un compagno e mi procuri i denti di drago che dovrò seminare nel solco. Frattanto io mi potrò riposare qualche ora per prepararmi alla prova. Per il resto, signori, vi prego di non insistere. Rimarrete spettatori. E anche se dovessi soccombere io vi prego fin da questo momento, nobili amici e cari compagni: lasciate che il mio destino si compia. Morirò, se sarà necessario, e voi potrete vendicarmi. Ma nessuno mi impedirà di affrontare la morte da solo. Colpirò io stesso chi si azzardasse a darmi un aiuto non richiesto.

Un marinaio di guardia, in quella, venne a cercare Atalanta. La principessa Medea, figlia del re della Colchide, la invitava a palazzo.

– Non ci andare, – disse subito Giasone. – Questo intrigo non mi piace.

Atalanta lo guardò corrucciata.

– Io non posso forzarti ad accettare i miei consigli. Tu non pretendere che io accetti il tuo.

E uscí senza salutare.

Una schiava dal volto velato la condusse alla reggia, la guidò attraverso un labirinto di scale e di corridoi e la lasciò davanti alla camera di Medea. La principessa le comparve dinanzi, uscendo da una tenda, e la fece entrare.

– Debbo parlarti, – disse, – di cose molto importanti.

La principessa Medea era la piú bella fanciulla che Atalanta avesse mai vista. Lunghi capelli neri le scendevano sulle spalle, intorno a un volto dai lineamenti sottili, nel quale gli occhi splendevano come fuoco nero. Essa appariva inquieta e tormentata.

– Voglio affidarti un messaggio per il principe Giasone, – disse abbassando ancora la voce e guardandosi intorno come se temesse di essere spiata.

– Potevi mandare un biglietto da un servo, – replicò Atalanta.

Medea la guardò con occhi che stavano per piangere.

– Sei cosí dura dunque? Sei una donna, o una roccia? Non posso fidarmi di un servo, per quello che intendo fare. Il destino di Giasone è nelle mie mani, con la salvezza di tutti voi. Per fortuna ti ho vista, oggi, tra gli altri greci. Ecco chi mi potrà aiutare, ho pensato.

– Non capisco, – disse Atalanta. – Siamo noi che abbiamo bisogno del tuo aiuto o tu che hai bisogno del nostro?

– Io vi spiavo da un finestrino, – proseguí Medea senza rispondere alle sue domande. – Quando mio padre ha ospiti, non mi è permesso di mostrarmi. Egli non vuole che gli stranieri mi vedano. Ma io vi ho veduti, ho udito tutto, e ti dico che Giasone ha un solo mezzo per superare la prova.

Cosí dicendo, Medea si cavò dal seno una minuscola scatola d'argento.

– In questa scatola è contenuto un unguento prodigioso. Chiunque se ne unga il corpo diventa per un intero giorno invincibile e invulnerabile: nessun colpo può fargli del male, nessun'arma raggiungerlo. Senza questo unguento Giasone non riuscirebbe a domare i tori di mio padre, e se anche li vincesse non potrebbe poi resistere agli assalti dei guerrieri che spunteranno dai denti del drago. Portagli questa scatola e digli ancora una cosa: se i guerrieri saranno troppo numerosi per la sua spada egli non avrà che da scagliare una pietra in mezzo alle loro file. Una pietra sola basterà. Digli questo, ti prego, da parte mia. E digli anche che...

– Non ti comprendo, – la interruppe Atalanta. – Tu ti schieri contro tuo padre dalla parte dei greci. Perché?

– Ti ho pregata di non farmi domande. Vai, presto, prima che il nostro colloquio sia scoperto. Ho detto alla mia balia che mi sarebbe piaciuto conoscere la principessa greca che accompagna i guerrieri della nave Argo, ma essa riferirà certamente la tua venuta a mio padre.

– Tu credi, – insisté Atalanta, – che Giasone si abbasserà a servirsi di questo volgare inganno per superare la prova?

– Non esiste altra possibilità, per lui, di uscirne vittorioso. Ti prego, riferiscigli esattamente le mie parole. Te ne prego, Atalanta, in nome della dea Diana che ti ha allevata. Vedi che io ti conosco. Fidati di me. Guai, se Giasone dovesse soccombere. Guai a te, Atalanta, se dovesse morire.

Atalanta arretrò, stupita.

– Tu lo ami, – disse.

– Sí, – ammise Medea, coprendosi il viso con le mani. – L'ho amato fin dal primo sguardo e morrò se lui morrà. La mia vita è legata per sempre alla sua.

– E per lui tradisci tuo padre?

– Non pensare a mio padre, ora. Nemmeno io penso, vedi? Le sue pretese, del resto, sono ingiuste e ingannevoli.

– Ma è tuo padre, e Giasone non è nessuno per te.

– Come puoi dire una cosa simile? – esclamò Medea. – Giasone è tutto per me: mio padre, mia madre, i miei fratelli, la mia patria. Va', corri da lui, portagli l'unguento, ripetigli il mio messaggio. Va', che altro aspetti?

Atalanta la guardò come se la vedesse per la prima volta.

«Se questo è l'amore, – pensò, – se l'amore è inganno e sofferenza, io non vorrò mai saperne. Tornerò a vivere con Diana, lontana dagli uomini, dalle donne, dai loro intrighi funesti».

Voltò le spalle a Medea e corse via, ma non abbastanza in fretta da non udire i singhiozzi della principessa.

Al suo ritorno sulla nave trovò Giasone desto che passeggiava sul ponte. Gli consegnò la scatola, gli riferí il messaggio e attese.

– Va bene, – disse semplicemente Giasone, – questo aiuto posso accettarlo. Non sono io che l'ho chiesto, sono gli dei che me lo inviano.

– Ma è un inganno! – protestò Atalanta.

– Un inganno contro un altro, – replicò Giasone. – L'in-

ganno di Medea annulla l'inganno di suo padre. Il conto degli inganni è pari. Le mie mani sono pulite.

Dello stesso parere fu Teseo, al quale Atalanta narrò gli avvenimenti della notte, quando il giovane tornò con una bisaccia piena di denti che aveva strappati al drago.

– Tu non hai avuto bisogno di inganni per vincere il drago, – esclamò Atalanta, – come puoi approvare che Giasone faccia uso dell'unguento di Medea?

Teseo sorrise.

– Sei ancora molto giovane, Atalanta. Devi impa-

rare ancora molte cose. Devi imparare che l'eroe deve far uso dell'astuzia, oltre che del coraggio. Giasone aveva già deciso di lottare da solo, dunque del suo coraggio non puoi dubitare. Ora gli si offre l'occasione, non cercata, di far uso anche dell'astuzia. Perché dovrebbe rifiutare?

– Perché tu rifiuteresti, – disse Atalanta.

– Ti sbagli. Anch'io accetterei. Non chiederò mai l'aiuto degli dei, ma non lo rifiuterò se me lo offriranno.

– E accetteresti l'amore di una fanciulla pronta a tradire suo padre?

– Non lo so, – mormorò Teseo. – Forse. Forse sí.

Egli non sapeva ancora che un giorno, per sconfiggere il Minotauro, avrebbe accettato l'aiuto di una principessa innamorata. Egli non conosceva ancora il nome di Arianna.

Atalanta, per la prima volta, lo sentí distante e diverso.

«Imparerò tutto quel che c'è da imparare, – essa pensava. – Ma non l'inganno. L'inganno, no».

L'impresa di Teseo

Giasone superò la prova. Dopo essersi spalmato con cura l'unguento di Medea su tutto il corpo, senza trascurarne la piú piccola parte, affrontò gli assalti dei tori dal respiro di fiamma e li stroncò. I tori, messi in ginocchio e costretti a subire il giogo, ararono docilmente il campo prescritto.

Giasone trasse poi dalla bisaccia i denti del drago e li seminò nei solchi profondi. In pochi istanti, da ognuno dei denti balzò un guerriero armato di tutto punto e pieno di furia.

Ma l'unguento di Medea rendeva Giasone invulnerabile. Con calma l'eroe respinse un assalto dopo l'altro, uccidendo i mostruosi figli del drago. Essi però parevano moltiplicarsi davanti alla sua spada instancabile nel menar colpi mortali. Allora Giasone si ricordò del consiglio di Medea e gettò una pietra in mezzo alle loro schiere risorgenti. Se avesse gettato in mezzo a loro la discordia stessa non avrebbe ottenuto un risultato piú spaventoso. I guerrieri si rivolsero gli uni contro gli altri e in una battaglia ferocissima si distrussero fino all'ultimo.

Il terreno, prima del tramonto, era coperto di cadaveri. Un grido di vittoria si alzò dalle file degli Argonauti, ma Atalanta non vi uní la sua voce. Essa guardava, sul palco della famiglia reale, il volto di Medea: il solo volto radioso tra gli sconfitti.

Il re della Colchide aveva permesso alla figlia di assistere alla prova, sicuro di poterle mostrare uno spettacolo in

cui gli odiati stranieri si sarebbero coperti di vergogna. Le cose erano andate diversamente, ma egli non poteva ancora sospettare che Giasone doveva la sua vittoria alle arti di Medea. Alzando la spada per salutare il re, Giasone vide la principessa e la trovò bella.

«Si prepara una festa di nozze», pensò Atalanta.

Ma non era esattamente quello che si preparava. Almeno, non soltanto quello, e non subito.

La sera stessa, favorita da una spessa nebbia, Medea raggiunse la nave Argo e chiese di parlare al suo capitano. Essa raccontò a Giasone che suo padre, infuriato per l'inattesa vittoria del principe greco, si preparava a mancargli di parola. Non solo non gli avrebbe consegnato il Vello d'oro, ma avrebbe dato fuoco alla nave e sterminato tutti i partecipanti alla spedizione.

– Fuggi, – disse Medea a Giasone. – E portami con te. Sarò la tua sposa; se vorrai, la tua schiava. Ma ormai non posso tornare da mio padre.

– Non posso fuggire, – rispose Giasone. – Non posso tornare in Grecia senza il Vello d'oro.

Ma, con l'aiuto di Medea, conquistare il Vello d'oro fu cosa semplice. Esso era custodito in una grotta davanti alla quale vigilava giorno e notte uno spaventoso serpente. Medea preparò un filtro per far addormentare il serpente, Giasone portò il Vello sulla nave e fu dato il via al ritorno.

Fu un viaggio festoso, anche se non privo di avventure che qui manca il tempo di riferire. I principi greci tornavano in patria vittoriosi, nelle loro mani era il trofeo che avrebbe dato un trono a Giasone. Il cielo era sereno, il vento favorevole, il mare amico. Tutti erano dunque allegri. Molti già salutavano in Giasone un re, in Medea una regina.

Nell'allegria generale, due sole persone conservavano, per diverse ragioni, un'aria seria e distaccata. Atalanta meditava su ciò che aveva visto e appreso. La vittoria di Giasone non poteva apparire cosí fulgida a lei, che ne conosceva il segreto tessuto di intrighi e di tradimenti.

Teseo, dal canto suo, si preparava all'impresa piú difficile della sua vita.

– Finora, – egli spiegò ad Atalanta, – non ho fatto che mettere alla prova il mio coraggio e le mie forze. Un terribile compito mi aspetta. Io mi sento pronto ad affrontarlo, ma non sono certo di uscirne vittorioso. Forse non avrò mai questa certezza.

– Di che si tratta? – domandò Atalanta.

– Voglio liberare la mia patria, Atene, dal giogo di sangue che la opprime. Devi sapere che molti anni fa il re di Creta, Minosse, mandò suo figlio ad Atene, ospite del re mio padre, Egeo. Mio padre affidò al ragazzo un compito superiore alle sue forze: quello di uccidere un toro selvaggio. Purtroppo fu il toro a uccidere lui. Minosse, alla testa di un'armata, invase il nostro Stato, occupò Atene e le impose un orrendo tributo. Ogni nove anni sette giovani e sette fanciulle di Atene debbono essere inviati a Creta, e laggiú Minosse li fa dare in pasto al Minotauro, un mostro che egli alleva nel labirinto. Presto tornerà il nono anno. Le migliori famiglie di Atene invocano disperatamente aiuto al cielo e alla terra, ma non ci sarà salvezza per i loro figli giovinetti e per le loro figlie se qualcuno non entrerà nel labirinto e non ucciderà il Minotauro. Questa è l'impresa per la quale mi sono preparato. Io entrerò nel labirinto, io ucciderò il Minotauro e libererò la mia patria, o il Minotauro ucciderà me.

Atalanta abbassò gli occhi per nascondere la sua emozione.

L'impresa che Teseo progettava, e che ora le esponeva con fiduciosa semplicità, era la piú difficile, ma anche la piú bella e la piú nobile di cui mai avesse inteso parlare.

Che cos'erano al paragone le imprese di Ercole? Manifestazioni di forza brutale, al servizio di un qualunque astuto Euristeo. E il viaggio della nave Argo? Una grande avventura, certo. Ma Giasone rincorreva, oltre l'avventura, il sogno di un regno. In cambio del Vello d'oro avrebbe ricevuto un trono.

Teseo, invece, progettava di battersi, di gettare la sua vita non già in cambio di un premio, ma per la libertà della sua terra, per la felicità del suo popolo. Nessun vantaggio personale egli poteva ripromettersi dalla lotta col Minotauro. Al ritorno avrebbe detto soltanto: «Ateniesi, asciugate le vostre lagrime, non c'è piú bisogno di piangere».

E questo sarebbe stato il suo premio.

– Armerò una nave al piú presto, – stava dicendo Teseo, – partiranno con me sette giovani e sette fanciulle, e la loro vita sarà nelle mie mani. Dovrò combattere per la vita, comprendi?

Atalanta accennò di sí senza parlare.

Teseo le prese una mano e guardando davanti a sé le chiese: – Vuoi partire con me?

Ma un improvviso frastuono impedí alla fanciulla di rispondere. Teseo e Atalanta balzarono tra gli altri a prua, si sporsero dai parapetti a salutare i pescatori greci che in piedi sulle loro fragili imbarcazioni agitavano le braccia. Tra la nave e i battelli si incrociavano le voci e le notizie.

Da quel momento i giorni furono pieni di grida e di frastuono e, ancora una volta, di intrighi e di sangue. Cupe

leggende avvolgono il ritorno della nave vittoriosa in una nebbia d'orrore nella quale noi non sosteremo.

Ne usciremo invece per salutare Giasone re, Medea regina, e per assistere ai funerali di Pelia, il vecchio re che aveva inviato Giasone nella Colchide nella speranza che non riuscisse a far ritorno in patria.

A quei tempi i funerali erano di una solennità grandiosa, specialmente se il morto era un re, un principe, o un eroe. In onore del defunto intere città sedevano a banchetto. Per ricordare le sue gesta, per rallegrare la sua anima nell'estremo viaggio verso il regno dei morti, si celebravano solenni giochi con l'arco e con la lancia. Teseo e Atalanta parteciparono a quelle gare.

Fu in quell'occasione che Atalanta incontrò il padre che l'aveva abbandonata bambina e che era stato invitato ai funerali del re Pelia.

La figlia di Jaso

Tra le notizie che correvano in quei giorni nella Grecia, e che la gente non si stancava di commentare anche durante la cerimonia funebre, alcune piú delle altre colpirono e commossero Atalanta, sebbene per ragioni diverse.

Entrambe riguardavano Ercole.

Il buon gigante, a quello che si diceva, era venuto a capo anche della stravagante pretesa di suo zio, il re Euristeo, a proposito delle mele d'oro delle Esperidi. Stavolta, anzi, Ercole si era mostrato capace anche di usare il cervello, con un'astuzia di cui i greci non finivano di ridere. Qualcuno, dunque, rivelò a Ercole la chiave del segreto: le Esperidi erano figlie di Atlante, il Titano che Giove aveva condannato a reggere sulle spalle, nientemeno, la volta del cielo.

«Se sono figlie sue, saprà dove trovarle», si disse Ercole. E si recò dal Titano. Atlante non negò di sapere dove si trovasse il giardino delle mele d'oro, ma non volle rivelarlo a Ercole.

– Ci andrò io stesso, – disse. – Naturalmente se tu, mentre vado e torno, sei capace di reggere il mondo al mio posto.

Ercole curvò la schiena e disse soltanto: – Su, scaricami questo peso sulle spalle. O io reggo lui, o lui schiaccia me. È semplice.

Non fu tanto semplice reggere quel peso immane, ma le spalle di Ercole non si piegarono. Ed ecco di ritorno Atlante, a cui le figlie avevano donato le mele d'oro senza nulla chiedergli in cambio.

– Sei qui, – esclamò Ercole, sbuffando, – riprenditi presto la tua roba e dammi la mia.

Ma Atlante non la intendeva cosí. Era troppo contento di potersi riposare un poco dalla sua eterna fatica.

– Senti, – disse, – le mele a Euristeo gliele porterò io stesso. Tu aspettami, e non ti muovere.

Fu allora che Ercole, per la prima volta in vita sua, adoperò il cervello.

– D'accordo, – sbuffò, – però, abbi pazienza un momento. Riprenditi il carico giusto il tempo che io possa farmi un cuscino da mettere sulla spalla. Altrimenti le ossa si spezzeranno e il cielo cadrà a catafascio sulla terra. Figurati la contentezza di Giove.

Atlante abboccò, senza nemmeno sospettare il tranello. Ercole gli ricaricò sulla schiena la volta celeste, raccolse le mele d'oro e se la diede a gambe senza voltarsi indietro. Durante il viaggio di ritorno, udí i lamenti di Prometeo, incatenato alle rocce del Caucaso. Ercole non era tipo da passar oltre senza fermarsi. Catturò l'aquila che si recava, come ogni giorno, a tormentare il donatore del fuoco e le strappò gli artigli, spezzò le catene di Prometeo e si rimise in cammino soddisfatto.

Atalanta riconobbe, in queste notizie, il suo amico generoso e semplice.

– Nel suo cuore, – disse, – non c'è viltà. Egli mi sarà sempre caro.

Le notizie che la rattristavano giungevano dai boschi. E le narravano che Diana aveva punito atrocemente due delle sue compagne, troppo orgogliose della loro bellezza: Titana era stata mutata in una cerva, Callisto in un'orsa. Atalanta si ricordava dell'una e dell'altra. Le aveva amate, aveva gio-

cato e cacciato con loro. Perché Diana doveva essere sempre tanto spietata?

Fu in quell'occasione che Atalanta decise: non sarebbe piú ritornata alla vita dei boschi, non avrebbe piú ripreso il suo posto accanto a Diana. La dea, del resto, l'aveva lasciata libera di scegliere.

«Ho scelto, – si disse Atalanta, – rimarrò tra gli uomini. Io appartengo al mondo di Meleagro, di Ercole, di Teseo. Non è un mondo senz'ombre, non mi sarà sempre facile resistere al desiderio di fuggire lontano dai suoi intrighi e dalle sue crudeltà. Ma il mio posto è questo. Gli uomini sono miei fratelli».

Questa decisione le ridiede la calma: una calma che le fu preziosa nel corso dei giochi funebri. Atalanta gareggiò alla pari con i migliori eroi di Grecia. Nessun'altra donna, all'infuori di lei, venne ammessa alla gara di tiro con l'arco. Essa sconfisse uno dopo l'altro i migliori tiratori. Da ultimo, rimasta sola in gara di fronte a Peleo, batté largamente anche lui, suscitando l'ammirazione di tutti i greci. Quando mai s'era vista una donna tanto forte, tanto abile? Ma la cosa piú meravigliosa era che a tanta forza andava unita una grazia senza pari.

Atalanta vestiva ancora da ragazzo, portava i capelli corti per essere piú libera, ma anche gli occhi piú critici dovevano ammetterlo; essa era bella, e ancora piú bella la rendeva la sua fierezza.

Dopo il trionfo, tra la folla degli ammiratori ecco farsi largo Teseo. Il principe di Atene aspettava ancora la risposta di Atalanta alla sua offerta di unirsi a lui nella spedizione che avrebbe guidato verso Creta, dove lo attendeva la lotta con il Minotauro. Ma ancora una volta la risposta gli fu rubata. La folla si stava dividendo per lasciar passare un vecchio dal portamento regale, con un'ansiosa curiosità dipinta sul viso.

Vederlo e sentirsi punta da un misterioso dolore fu per Atalanta la stessa cosa.

– Chi è quel vecchio? – domandò ai vicini.

– Chi sei tu, figliola? – le domandò il vecchio, con voce tremante. – Il tuo nome è Atalanta, un nome famoso in tutta la Grecia, ma nessuno conosce il nome di tuo padre e di tua madre e ciò è strano, molto strano. Si dice che tu sia cresciuta nei boschi, che un'orsa ti abbia allattata. Ma se il cuore mi dice il vero...

Atalanta si frugò tra le pieghe della tunica e ne trasse un piccolo braccialetto d'argento.

– Non so perché io te lo mostri, – mormorò, – nessuno l'ha visto prima d'ora. Era appeso al mio polso, quand'ero bambina, e un'orsa era mia madre. Poi si fece troppo stretto e io me lo tolsi. Ma l'ho conservato sempre. Guardalo, forse tu potrai leggervi chi sono.

Il vecchio prese il braccialetto tra le dita tremanti, lo osservò per qualche istante, poi cadde in ginocchio esclamando:

– Tu sei la figlia di Jaso re, e io sono il tuo padre sventurato. Io ti volevo morta, accecato dall'orgoglio, ma ringrazio gli orsi e le fiere che ti hanno fatto da padre e da madre. Se puoi, perdonami.

Atalanta si chinò per rialzarlo e lo abbracciò. Sul suo volto comparve una tenerezza sconosciuta. Teseo comprese in quel momento che Atalanta non lo avrebbe seguito nella sua nuova impresa e senza farsi notare si allontanò.

Il giorno dopo partí per Atene, ma i suoi pensieri erano già oltre Atene, di là del mare, verso Creta. La sua partenza liberò Atalanta dall'obbligo di scegliere tra l'avventura e la casa paterna. Sarebbe stata una scelta difficile.

«Meno male, – si disse Atalanta, – Teseo ha scelto per me. Riconosco ancora una volta la sua saggezza. La mia impresa, stavolta, sarà di assistere e consolare un padre stanco e ammalato. Egli non deve rimproverarsi piú di avermi abbandonata. Dopo tutto, se fossi cresciuta al sicuro, nella sua reggia, tra i giocattoli e le favole delle serve, ora non sarei che una qualunque principessa capace soltanto di cucinare focacce e di ricamare coperte e tovaglie. Forse saprei usare l'ago, ma non certo l'arco. E non avrei conosciuto Meleagro, Ercole, Teseo. Cosa saprei degli uomini? Nulla».

Pensando a queste cose, stringeva affettuosamente il braccio del padre. Ma non gli fece mai domande imbarazzanti: non gli chiese nulla di sua madre, per esempio, per non dargli dolore.

«Ho un padre, ho una casa», continuava a ripetersi dentro di sé. E quelle parole avevano un suono che la inteneriva.

Era vivo ancora, sebbene assai vecchio, il servitore che l'aveva rapita dalla culla ed esposta sulla montagna. Il poveretto si inginocchiò davanti a lei e non finiva di baciarle

i piedi. Tutto il popolo le fece accoglienze festose e affettuose.

Era un piccolo popolo di un piccolo regno, una famiglia appena piú grande. Dopo di aver tanto sentito magnificare le imprese di Atalanta, quei montanari scoprivano che Atalanta era una loro concittadina, la loro principessa. Essi si guardavano l'un l'altro con stupore e con gioia, come se fossero cresciuti di un palmo.

Notizie di Teseo

Erano trascorsi pochi mesi dal ritorno di Atalanta alla reggia paterna quando, una mattina, il buon Jaso la fece chiamare.

Aveva un'espressione scontenta e preoccupata e cercava invano le parole per dirle qualcosa d'importante.

– Senti, – sbottò finalmente, – cosí non va. E non sono io che lo penso, è il nostro popolo.

– Di che si tratta? – domandò Atalanta.

– Figliola cara, prima di tutto mi devi credere se ti assicuro che, per quello che mi riguarda, tu sei assolutamente libera di fare come vuoi. Ti piace passare le giornate nei boschi, tutta sola come un cacciatore, e va bene. Non ti piace occuparti delle faccende di casa, e va bene anche questo: abbiamo dei buoni servi, che ci pensino loro. Non abbassi gli occhi quando parli con un uomo, e io capisco anche questo: tu hai fatto cose che molti uomini non sarebbero stati capaci di fare.

E qui Jaso si fermò di nuovo e non sapeva come proseguire.

Atalanta sorrise. – Continuerò io, – disse, – tu vuoi che io mi sposi.

– Io, – protestò Jaso, – io non ho detto nulla, io non voglio nulla.

– D'accordo. E allora è il popolo che lo vuole.

– Ma ha ragione, – esclamò Jaso. – Io sono vecchio e non ho figli. Chi regnerà dopo di me? Il popolo è preoccupato. Esso ti ama, ma vorrebbe vedere un principe al tuo fianco. E vorrebbe vedere la vostra casa piena di bambini, per avere la certezza che non gli mancherà mai la protezione di un sovrano. Atalanta, pensaci.

– Hai parlato solo del popolo, – osservò Atalanta, – non hai detto che vorresti dei nipotini da far ballare sulle ginocchia. Però è soprattutto questo che tu desideri, vero?

– Quello che io desidero non conta. Io penso anche a te. Non puoi rimanere sola per tutta la vita, invecchiare sola, morire sola.

Atalanta avrebbe voluto rispondere che aveva già conosciuto la solitudine, quand'era stata bambina e avrebbe avuto piú bisogno degli altri, ma si trattenne in tempo.

La conversazione venne interrotta da un servo che annunciava l'arrivo di un ospite. Jaso si allontanò, per adempiere ai suoi doveri di padrone di casa e Atalanta lo seguí. Di rado capitava qualcuno, da quelle parti, ed essa non voleva perdere l'occasione di ascoltare le notizie di cui i viaggiatori erano spesso ricchi. Non c'erano allora la radio, né i giornali. Spesso si veniva a sapere che una città era in guerra con un'altra quando già la guerra era finita da un pezzo.

L'ospite era un giovane alto, dagli occhi vivaci e dal sorriso amichevole. Egli si inchinò a Jaso ma guardò Atalanta e fu a lei che si rivolse.

– Ti porto notizie di Teseo.

Per poco Atalanta non si mise a ballare dalla gioia.

– Ha vinto? Ha ucciso il Minotauro? È tornato? Ah, dimmi subito tutto.

– Aspetta, figliola, – disse Jaso. – Prima l'ospite deve ristorarsi. Per le chiacchiere c'è tempo.

L'ospite fu fatto sedere, la tavola venne apparecchiata in un attimo.

Il giovane mangiò con calma, lodando il cibo e il vino.

Atalanta, sorprendendo una scintilla allegra nel suo sguardo, sospettò che si divertisse della sua impazienza. Quando poi si decise a parlare, il giovane non parlò di Teseo, ma di se stesso.

– Io ti ho già vista, – disse ad Atalanta, – e anche tu mi hai già visto.

Atalanta si stupí.

– Non ricordo.

– Dico che tu mi hai già visto, – rise il giovane; – ma tu hai due soli occhi e a quel tempo non li avresti certo distolti da Ercole e da Teseo per occuparti degli altri.

– Eri sulla nave Argo? – esclamò Atalanta.

– C'ero e ci tornerei subito, se fossi sicuro di trovarvi un'altra Atalanta.

Stavolta toccò a Jaso di ridere e battere le mani:

– La tua parola è svelta piú di una freccia, – disse.

– Mi chiamo Melanione, – riprese il giovane, – e sono passati ormai quattro anni da quando salutai il re mio padre e mi misi in viaggio per conoscere il mondo. Ora torno da lui, la vostra città non era sulla mia strada, ma fosse stata anche piú lontana non mi sarei privato del piacere di rivedere Atalanta.

– Anche questa è una buona freccia, – approvò Jaso.

– Basta coi complimenti, – disse Atalanta, – parlami di Teseo.

– Egli ti saluta e ti ricorda. Dopo i funerali di Pelia io andai con lui ad Atene e con lui mi imbarcai per Creta. Come sapete, sette giovani e sette fanciulle dovevano essere offerti in sacrificio al Minotauro. Ma i sette giovani fu Teseo a sceglierli: Teseo stesso, per primo, ed altri sei principi di provato coraggio. Secondo il suo piano, Minosse avrebbe dovuto introdurre nel labirinto sette audaci guerrieri, credendo di introdurvi sette vittime spaventate. E cosí fu. Ma non saremmo usciti vivi dal labirinto, se non fosse stato per l'aiuto di Arianna, la figlia del re Minosse. La principessa, assistendo all'arrivo delle vittime ateniesi, si era innamorata di Teseo. Essa gli consegnò un gomitolo di lana e gli insegnò come usarlo. Quando entrammo nel labirinto, Teseo legò un capo del filo alla porta e lo svolse, camminando in quello spaventoso intrico di sentieri e di gallerie. Il filo ci permise di trovare l'uscita. Ma prima Teseo piombò sul mostro addormentato e lo uccise col suo pugnale. Per noi non rimase nulla da fare.

«Arianna come Medea, – pensava Atalanta. – Anch'essa ha tradito suo padre per amore di uno straniero. Certo poi lo avrà seguito per sposarlo... Teseo come Giasone».

Come rispondendo a una sua domanda, Melanione proseguí:

– Arianna partí con noi per Atene, ma, giunti all'isola di Nasso, Teseo la fece scendere a terra e la abbandonò.

– L'abbandonò? – ripeté stupefatta Atalanta.

– Cosí fece. Le disse che le era grato del suo aiuto, che non aveva potuto rifiutarlo perché da esso dipendeva la salvezza del suo popolo, ma che non intendeva sposarla. «Un giorno tu hai tradito tuo padre», le disse, «un giorno tu potresti tradire me e il mio popolo».

– E voi non avete tentato di salvarla? Tu, Melanione, non hai protestato?

Melanione la fissò, serio e calmo.

– Io non potevo giudicare Teseo, potevo soltanto ubbidire ai suoi ordini.

– Ben detto, – esclamò Jaso. – Ma dimmi ora del ritorno. Immagino la felicità del vecchio re Egeo, quando vide comparire la nave.

– Purtroppo, – disse Melanione, – Egeo non seppe mai che suo figlio aveva vinto. La nave era partita da Atene con le vele nere. In caso di vittoria, avremmo dovuto alzare la vela bianca, cosicché Egeo, vedendola, potesse ricevere la lieta notizia prima che toccassimo terra. Ma nella gioia del ritorno nessuno si ricordò di cambiare la vela. Egeo, salito sull'Acropoli a spiare l'arrivo della nave, vide la vela nera, ci credette morti e non sapendo resistere al dolore si gettò in mare.

Un lungo silenzio accolse il triste racconto. Poi Jaso sospirò e disse:

– Dunque ora Teseo è re di Atene.

– Sí e no, signore. Egli ricevette il titolo e la corona, ma subito, radunato il popolo, dichiarò che non intendeva regnare. «Eleggete», egli disse, «un consiglio dei migliori cittadini, e siano loro a fare le leggi e a farle rispettare. Io rimarrò il comandante dell'esercito e provvederò alla difesa della città». E cosí è stato fatto. Atene è ora una città libera.

Re Jaso non credeva alle proprie orecchie.

– Teseo è impazzito – disse.

Ma Atalanta riconosceva in quella decisione la saggezza di Teseo. Nello stesso momento decise che avrebbe seguito il suo esempio. Decise tante cose, altre le si affollarono alla mente e al cuore. Chiese perciò il permesso di ritirarsi e si chiuse nella sua camera a pensare.

Anche Melanione andò a riposare. Nessuno guardò nel suo bagaglio dove, nascoste in una tunica bianca, c'erano tre mele d'oro.

Le mele d'oro

Quella stessa sera Melanione annunciò la sua partenza.

– Sei appena arrivato, – protestò Atalanta, – ci devi ancora raccontare tante cose.

Il buon Jaso drizzò le orecchie come un cane che abbia fiutato una traccia interessante.

– Davvero, giovane principe, non dovresti avere tanta fretta.

Ma dentro di sé si domandava: «Hai mai visto Atalanta interessarsi di un giovanotto? L'hai mai sentita pregarlo di restare? Jaso, vecchio mio, tieni gli occhi bene aperti».

Servendosi dei suoi occhi, Jaso non fece fatica a convincersi che Atalanta manifestava una viva simpatia nei confronti del giovane ospite.

Ma Melanione fu irremovibile.

– Mio padre non mi vede da quattro anni, – disse. – Inoltre egli è vecchio, non vorrei arrivare a casa troppo tardi per riabbracciarlo.

Atalanta, la mattina dopo, lo accompagnò per un buon pezzo di strada. Parlò quasi sempre lei. Aveva molto pensato a ciò che Teseo aveva disposto per Atene.

– Convincerò mio padre a fare lo stesso nella nostra città, – essa diceva. – I cittadini si governeranno da soli.

– Forse non vorranno saperne, – osservò Melanione, – forse la parola «libertà» avrà un suono duro e nemico per le loro orecchie. I montanari sono sospettosi per natura.

Ma nei suoi occhi Atalanta vedeva di nuovo danzare quella vaga scintilla di allegria. Che strano miscuglio di ardire e prudenza, in quel giovane. Ed era bello. Piú bello certo di Ercole, che era un mezzo leone: e i leoni sono forti, ma non belli. Piú bello di Teseo. Bello come Meleagro, ecco, ma piú uomo, piú sicuro di se stesso. Per forza, del resto: Melanione aveva già preso parte a tante imprese, non era mica cresciuto accanto alle sottane di una madre gelosa...

Che peccato doversi separare proprio adesso.

– Arrivederci, principessa Atalanta, – stava dicendo Melanione. E le tendeva una mano calda e forte.

Lei rimase un pezzo a guardarlo, nella nuvola di polvere sollevata dal suo cavallo. Sembrava un centauro: uno di quei centauri che nella sua fanciullezza aveva visto cavalcare liberamente nei boschi. Melanione non si voltò. Atalanta tornò passo passo verso la reggia. Una tristezza sconosciuta le correva col sangue nelle vene. Disse al padre: – Ho deciso di sposarmi. Desidero che tu faccia un bando. Sposerò il giovane che saprà battermi nella corsa.

Jaso non stava in sé dalla gioia.

– Figlia mia, e me lo dici come se annunciassi la morte di qualcuno?

Per Atalanta era proprio cosí: moriva in lei la fanciulla avventurosa, nasceva la donna. Ma l'una e l'altra lottavano per separarsi. La donna aveva deciso di sposarsi. La fanciulla aveva posto le sue condizioni, dettando la gara in cui difficilmente un greco, uomo o donna, avrebbe potuto superarla.

Passarono infatti i mesi, molti principi, attratti dalla fama di Atalanta, si presentarono come candidati alle nozze, e grandi folle accorrevano alla reggia di Jaso per assistere alla gara, nel giorno fissato. Ma Atalanta li superava, uno dopo l'altro. Essi correvano, Atalanta volava addirittura. I suoi piedi sfioravano appena l'erba. I capelli che si era lasciati crescere lunghi sulle spalle ondeggiavano al vento come una messe matura, ma era una messe che nessuno riusciva a cogliere.

Nella corsa Atalanta era invincibile.

E come si divertiva a battere quei giovani ardimentosi. Le pareva di essere tornata ai tempi in cui, tra le compagne di Diana, correva senza pensieri per i boschi.

«Io sono la cerva dalle corna d'oro e dagli zoccoli d'argento, – rideva dentro se stessa, – ma non esiste un Ercole capace di raggiungermi».

Jaso era d'umor nero e si sfogava a maltrattare la servitú. Ed ecco d'improvviso comparire Melanione.

Il giovane, calmo come sempre, con quegli strani occhi allegri nel volto serio, si presentò a Jaso e gli chiese il permesso di sfidare Atalanta alla corsa. Jaso lo abbracciò, senza dir nulla. Ma volle dare di persona la notizia ad Atalanta e fu lieto di vederla arrossire di gioia.

– Lo vedi? – esultò Jaso, – lo vedi? Ma lo vedrebbe chiunque. Tu ami quel giovane. Ti prego, Atalanta, lascia che vinca.

Il rossore della fanciulla si fece piú intenso.

– Non ti rimprovererò per queste parole, perché sei mio padre. Da nessun altro le avrei ascoltate senza adirarmi. Melanione mi avrà se mi batterà alla corsa, in una gara leale. Io non correrò per perdere, ma per vincere. Non rallenterò perché possa superarmi: sarebbe una menzogna.

– Ma è per la tua felicità, – esclamò Jaso.

– La mia felicità non vale una menzogna.

Jaso se ne andò infuriato.

Atalanta e Melanione si videro a cena.

– Ci hai messo molto a venire, – disse Atalanta.

– Mi aspettavi? – domandò di rimando Melanione. E senza attendere risposta aggiunse: – Ero sicuro che nessuno avrebbe potuto batterti.

– E tu pensi di battermi? – domandò Atalanta, guardando a terra.

Melanione lasciò passare qualche attimo prima di rispondere semplicemente: – Sí, ti vincerò.

Atalanta quella notte dormí poco e fece sogni confusi. Sognò che Melanione la superava nella corsa ma poi, giunto al traguardo, non si fermava ad attenderla, e continuava a correre, si allontanava sempre piú, e invano essa lo rincorreva chiamandolo:

– Melanione! Melanione!

Poi sognò invece di vincere. Melanione, battuto, scoppiava in pianto, ed essa gli diceva: – Non piangere. Io ti salverò. La tua vita è nelle mie mani. Essa è legata a questo tizzone stregato, ma io non lo getterò nel fuoco.

Dietro la reggia di Jaso si ergeva dolcemente tra gli ulivi una collina, e in cima a essa svettava un cipresso.

Mentre la folla si stringeva vociando intorno ai corridori pronti alla partenza, Jaso spiegava per la centesima volta la gara.

– Correte lassú, girerete attorno al cipresso. Vincerà chi tornerà per primo a toccare la mia mano.

Atalanta era pallida e guardava dinanzi a sé senza vedere nessuno. Melanione era tranquillo e sorridente come chi ha dormito un lungo sonno senza sogni tormentosi. La gente si stupiva della sua sicurezza, e non gli risparmiava i frizzi:

– Hai lasciato a casa le ali. Come pensi di superare Atalanta?

– Non sarai cosí allegro, dopo la corsa.

Melanione salutò la folla con un largo gesto della mano. Qualche applauso gli rispose e una donna gli gridò:

– Vinci, bel principe!

Al segnale della partenza, Atalanta esitò, mosse qualche passo incerto. Pareva una che si desta dal sonno.

Melanione invece corse via sicuro, su per la collina, e prese subito un certo vantaggio, che la folla accolse con grida di meraviglia perché nessuno dei concorrenti, fino a quel giorno, aveva fatto altrettanto.

Ma poi Atalanta si riprese, il suo passo riacquistò la leggerezza di sempre. Il distacco che la divideva da Melanione diminuiva a vista d'occhio. Il giovane, sentendosi incalzato dal suo respiro, si voltò. Ebbe un rapido sorriso, si frugò con una mano nella tunica e ne lasciò cadere a terra qualcosa.

Qualcosa? Atalanta vide rotolare tra l'erba la mela d'oro e si fermò, come se avesse urtato contro una parete. Una forza ignota la costrinse a chinarsi per raccogliere lo strano frutto, e come lo ebbe tra le mani sentí dal suo peso che non si trattava di un frutto comune. In un lampo le tornò in mente Ercole, riudí i suoi discorsi sulle mele d'oro delle Esperidi, ripensò alle notizie sulla caccia fortunata che lo aveva portato ai confini del mondo. Le mele delle Esperidi: nessuno, dice la leggenda, poteva guardarle senza desiderarle. Il desiderio improvviso e irresistibile aveva obbligato Atalanta a chinarsi, le aveva fatto perdere istanti preziosi. Melanione, intanto, era già quasi in cima alla collina.

– Sei furbo, tu, – rise pazzamente Atalanta, – sei proprio furbo.

In pochi passi gli fu quasi alle spalle. Essa poteva raggiungerlo quando e come voleva, e scherzare con lui come il gatto con il topo.

Anche Melanione udí la sua risata squillante. Si volse e la vide. Le sorrise, e per la seconda volta si mise la mano nella tunica, ne trasse un frutto splendente, lo mostrò apertamente ad Atalanta e lo lasciò cadere. Poi toccò il cipresso, lo aggirò e cominciò la discesa.

Di nuovo Atalanta fu costretta a fermarsi. La mela d'oro

rotolava già per il sentiero ed essa dovette voltarsi e fare qualche passo indietro per raccoglierla.

– Furbo, furbo, – ripeteva allegramente, mentre riprendeva la corsa dopo aver raccolto il frutto del giardino delle Esperidi. Toccò a sua volta il cipresso, volò giú per la collina, piombò a ridosso di Melanione, gli si affiancò e stava per superarlo. Ma per la terza volta il giovane principe trasse una mela d'oro dalla tunica. E stavolta la gettò piú lontano, tra i cespugli. Atalanta non poté fare a meno di fermarsi a cercarla. Il suo cuore scandiva gli attimi che fuggivano e che le rubavano la vittoria, ma al richiamo del frutto stregato non poteva disobbedire. Per la terza volta si gettò alla rincorsa di Melanione. Correva con tutte le sue forze. Non era mai stata tanto veloce. Ed era felice, perché non era stata costretta a mentire.

Perdeva, ma non aveva corso per perdere.

E perdendo vinceva. Il grido di gioia che si levava dalla folla non salutava la sua sconfitta, ma la vittoria dell'amore.

Melanione giunse primo a porre la sua mano in quella di Jaso. Primo per un soffio. La mano di Atalanta si insinuò in quella del padre solo un attimo dopo. Jaso strinse le due mani e le alzò insieme, ridendo e piangendo. Melanione ansava per la fatica.

– Un metro ancora, – diceva, – e avrei perduto.

– Non avevi piú mele da gettare? – gli domandò maliziosamente Atalanta.

– Tre sole me ne ha date, quell'avaraccio.

– Ma chi?

– E chi dunque? Ercole, si capisce. Quando ha sentito che si trattava di conquistare Atalanta, le ha rubate a suo zio. Ma tre sole, perché Euristeo non se ne accorgesse. «Saranno il mio regalo di nozze», ha detto. E mi ha detto anche di farti i suoi saluti.

Indice

Finito di stampare per conto delle Edizioni **EL**
presso LEGO S.p.A. - Stabilimento di Lavis (Trento)

Ristampa				Anno		
2	3	4	5	2019	2020	2021